Lehrerbücherei GRUNDSCHULE

Günther Hoegg

Schulrecht für die Grundschule

Cornelsen
SCRIPTOR

Herausgeber der Reihe

Dr. Klaus Metzger
Schulamtsdirektor im Regierungsbezirk Schwaben/Bayern

Der Autor

Dr. jur. Günther Hoegg ist nicht nur promovierter Schulrechtler, sondern auch seit über 20 Jahren als Lehrer an der Schule tätig. Viele Veröffentlichungen, Dozententätigkeit an mehreren Hochschulen und schulrechtliche Fortbildungen für Lehrkräfte aller Schulformen.

Für diejenigen, die für unsere Kinder
die Weichen stellen.

Projektleitung: Gabriele Teubner-Nicolai, Berlin
Redaktion: Daniela Brunner, Düsseldorf
Illustrationen: Roland Bühs, Bremen
Umschlaggestaltung: Torsten Lemme, Berlin
Umschlagfoto: © contrastwerkstatt – Fotolia.com
Layout/technische Umsetzung: fotosatz griesheim GmbH, Griesheim

www.cornelsen.de

1. Auflage 2013

Druck: CPI – Clausen & Bosse, Leck

ISBN 978-3-589-16201-7

Inhalt gedruckt auf säurefreiem Papier aus nachhaltiger Forstwirtschaft.

Inhalt

Webcode: Sie können die Kopiervorlagen aus dem Internet als pdf-Datei herunterladen. Sie finden dazu eine Zahlenkombination jeweils unten auf der Buchseite. Geben Sie diese unter www.cornelsen.de/webcodes ein.
Achten Sie bitte darauf, dass beim Ausdrucken bei Seitenanpassung „In Druckbereich einpassen" aktiviert ist, damit Sie eine DIN-A4-Seite bekommen.

Einleitung

Warum dieses Buch? Schließlich gibt es doch schon einige Bücher zum Schulrecht. Die Erklärung ist recht einfach: Noch vor Kurzem war ich überrascht, als eine Grundschule vor den Toren Hamburgs mich bat, eine Fortbildung zum Schulrecht abzuhalten. In meiner Einfalt glaubte ich, an Grundschulen gäbe es keine schulrechtlichen, sondern nur pädagogische Probleme. Weit gefehlt. Diese Grundschule hat mich eines Besseren belehrt. Inzwischen weiß ich: Grundschulen haben mehr schulrechtliche Probleme, als ihnen lieb ist. Diese müssen möglichst schnell gelöst werden.

Allerdings herrschen an Grundschulen ganz besondere Bedingungen. An weiterführenden Schulen ist es z.B. durchaus möglich, eine achte Klasse auch einmal längere Zeit alleine zu lassen. An der Grundschule geht dies in der Regel nicht. An einer Realschule können Schüler der achten Klasse schon selbst beurteilen, ob sie zur Erinnerung an die Klassenfahrt fotografiert werden wollen, an der Grundschule müssen dies grundsätzlich die Eltern entscheiden. Kurz: Da man es hier mit deutlich jüngeren Schülern zu tun hat, lastet auf den Lehrkräften eine deutlich größere Verantwortung.

Grundschulen brauchen anderes Schulrechtswissen

Zudem ist die Problemlage an Grundschulen eine andere. Während an weiterführenden Schulen die Frage der „justizfesten" Leistungsbewertung eine zentrale Rolle spielt, geht es an Grundschulen verstärkt um die Frage, welche pädagogischen Einwirkungen zulässig sind. An Grundschulen werden die Weichen gestellt, und das wissen auch die Eltern. Deshalb hat man hier häufig mit Eltern zu tun, die mit Entscheidungen der Schule nicht einverstanden sind, während die Eltern an weiterführenden Schulen sich viel seltener einmischen.

Lassen Sie uns offen miteinander reden: Grundschullehrerinnen leiden nicht unter der Korrektur schwieriger Arbeiten. Ihre (mindestens ebenso hohe) Belastung liegt vielmehr in einer erhöhten Aufsichtspflicht, der Tatsache, ständig präsent sein zu müssen und in der Behandlung von kritischen Anfragen bzw. Beschwerden der Eltern.

Da das Kultusministerium es Ihnen vermutlich lange nicht mehr gesagt hat, sage ich es: **Sie** sind innerhalb unseres Bildungssystems die Wichtigsten. Man müsste Sie eigentlich mit Gold aufwiegen oder der Minister müsste Ihnen alle vier Jahre eine Dankesurkunde ausstellen. Wie entscheidend Sie sind, werden Sie spätestens beim Thema Verwahrlosung und Misshandlung merken. Denn Sie stellen die Weichen für alles, was später passiert. Wenn

Sie sie richtig stellen, haben es nicht nur die weiterführenden Schulen leichter, sondern auch die Gesellschaft insgesamt wird später davon profitieren.

Juristische Überlegungen werden immer wichtiger

Aber nicht nur deshalb sollten Sie richtige Entscheidungen fällen. Anders als noch vor 15 oder 20 Jahren wird der schulische Bereich heute verstärkt von juristischen Überlegungen geprägt. Immer mehr Eltern besitzen eine Rechtsschutzversicherung, in die sie einzahlen und von der sie natürlich Gegenleistungen erwarten, z.B. dann, wenn die Empfehlung der Grundschule nicht ihren Erwartungen entspricht und sie dadurch einen Nachteil für ihr Kind vermuten.

Nun zu diesem Buch: Von der Einschulung bis zur Empfehlung für die weiterführenden Schulen werden wir problematische (z.B. Kevin und Chantal) und brave Schüler (Alexander und Charlotte) und die Kollegin Anna Nass durch die vier Jahre begleiten. Es ist also kein systematisches juristisches Lehrbuch, sondern eines, das sich pragmatisch an schulischen Situationen orientiert. Dabei werden nicht viele Punkte knapp, sondern die wichtigsten Punkte ausführlich behandelt, und zwar im „Worst-Case-Szenario".

Denn was hätten Sie von einem Buch, das nur den Idealfall schildert, nämlich wie es in der Grundschule sein sollte? Sehr wenig. Deshalb wird grundsätzlich der schlimmste Fall durchgespielt. Eingestreut finden Sie kleine Exkurse, die Ihnen juristisches Hintergrundwissen vermitteln, um auf kritische Nachfragen von Eltern gelassen und sachkundig zu reagieren.

Üblicherweise wird in pädagogischen Büchern aus Gründen der „political correctness" darauf hingewiesen, man habe zwar die männliche Form der Lehrkräfte, „den Lehrer", gewählt, die weibliche sei aber ebenso mitgemeint. Die spezielle Situation der Grundschule, in der fast ausschließlich Frauen unterrichten, legt eine andere Variante nahe. Und so wird hier von Lehrerinnen gesprochen, natürlich nicht ohne darauf hinzuweisen, dass damit auch die wenigen männlichen Kollegen gemeint sind, die an der Grundschule tätig sind.

Sie werden mir hoffentlich verzeihen, wenn ich die eine oder andere Information wiederhole. Das hängt zum einen damit zusammen, dass nicht jede Leserin das Buch von vorne bis hinten durchliest, sondern sich gezielt das Kapitel heraussucht, das sie interessiert. Zum anderen bin ich ja nicht nur Schulrechtler, sondern auch Lehrer und weiß: Nur was auch wiederholt wird, prägt sich ein. Falls Sie also an einigen Stellen das Gefühl haben, Sie hätten es in ähnlicher Form schon einmal gelesen, dann liegen Sie völlig richtig. Nicht das Lektorat hat geschlampt, sondern es handelt sich um angewandte Didaktik.

Sind Sie bereit? Dann geht's los.

Das erste Jahr

1

Endlich ist es soweit! Wir sind in der Grundschule. Die große Begrüßungsfeier für Schüler und Eltern ist vorbei, und die Kinder haben die Aula verlassen. Schweren Herzens haben sich einige Eltern von ihren Kindern getrennt und sie nun der Schule, d.h. der sympathischen Klassenlehrerin Anna Nass, überlassen. Mit ihren riesigen Schultüten, die fast größer sind als sie selbst, sitzen Kevin und Chantal, aber auch Alexander und Charlotte erwartungsvoll auf ihren kleinen Stühlen an den niedrigen Tischen.

Aus den Kindern sind jetzt Schüler geworden, und zwar die Klasse 1b. Aber das ist nicht alles, denn sie sind auch die „Giraffenklasse" und haben als Maskottchen eine Stoffgiraffe, die auf dem Lehrertisch steht und bei Bedarf herangezogen wird. Die Parallelklasse ist zwar die noch attraktivere

Tigerklasse, aber eine Giraffe ist ja auch ganz lustig. Wie die gesamte Schule ist der Klassenraum in den Sommerferien gründlich gereinigt worden und riecht noch nach Putzmitteln und einem Hauch von Zitrone. Nachdem die Spiele vorbei sind, die das gegenseitige Kennenlernen fördern sollen, beginnen die ersten richtigen Schulstunden.

1. Einschulung und Sitzordnung

Schon zu diesem Zeitpunkt tritt unter Umständen ein Problem auf, das jetzt (oder später) durchaus juristische Aspekte aufweist. Es geht um die **Sitzordnung** innerhalb der Klasse. Viele Klassenlehrerinnen überlassen ihren Schülern die Platzwahl, wodurch sich natürlich befreundete Schüler nebeneinander setzen. Auch von den Eltern wird dies häufig gewünscht. So haben Kevins Eltern bei der Schulanmeldung ausdrücklich darauf hingewiesen, ihr Sohn solle unbedingt neben Marvin sitzen, da er mit ihm befreundet sei.

Darauf kann man natürlich eingehen, damit die Kinder sich in den ersten Tagen und Wochen nicht verloren vorkommen. Aber wer ein bisschen in die Zukunft schauen kann, der erahnt vielleicht die Schwierigkeiten, die sich später daraus ergeben können. Denn wie heißt es doch so schön: „Gleich und gleich gesellt sich gern." Die Platzwahl nach Freundschaften wird dann zu einem Problem, wenn es sich um unruhige Schüler handelt, die sich gegenseitig und noch lieber andere stören.

Obwohl ich später noch ausführlich darauf eingehe (III 5, S. 84), sei hier schon aus einer Gerichtsentscheidung wiedergegeben:

Die Sitzordnung richtet sich *nicht* nach den Wünschen der Schüler, sondern nach den Anforderungen des Unterrichts.

Ohne Ihnen vorschreiben zu wollen, wie Sie Ihre Schüler setzen, möchte ich zwei andere Modelle vorstellen: Einmal gibt es die Möglichkeit, die Schüler in alphabetischer Reihenfolge zu setzen. Dieses sehr formale Kriterium erleichtert Organisatorisches und bewirkt zugleich eine zufällige Durchmischung der Klasse. Auch Außenseiter, neben denen sonst vielleicht niemand sitzen will, werden so auf einfache Weise integriert.

Die zweite Möglichkeit besteht darin, Jungen und Mädchen immer abwechselnd zu setzen. Dieses Verfahren beugt einer Zweiteilung der Klasse in Jungen und Mädchen vor und unterstützt somit die Koedukation. Wie gesagt, Sie brauchen keine dieser Varianten zu wählen und können ganz anders entscheiden, aber Sie sollten wissen, dass es auch andere Möglichkeiten als die freie Platzwahl gibt. Zudem macht die Zuordnung der Plätze durch die Schule bzw. die Lehrerin von Anfang an deutlich, wer die wichtigen Entscheidungen fällt.

Das nächste Problem taucht besonders bei jüngeren Schülern auf, weshalb es gleich hier behandelt wird: Es geht um den **Toilettengang**. Je jünger die Schüler sind, desto schwerer fällt es ihnen, notwendige Dinge einzuplanen. Und so erlebt man häufig Schüler, die in der Pause ausgelassen spielen – und darüber völlig vergessen, auch einmal die Toilette aufzusuchen. Dieses Versäumnis wird ihnen erst drängend bewusst, sobald sie wieder im Klassenraum sind und zur Ruhe kommen.

Den Gang zur Toilette kann man nicht verwehren

Also wird jetzt der Wunsch geäußert, auf die Toilette zu gehen. Das werden Sie einem „i-Männchen", das fast zu platzen scheint, sicher nicht verwehren, vielleicht aber Schülern in der zweiten, dritten oder vierten Klasse.

Mein Rat: Verbieten Sie nicht den Toilettengang, damit es Ihnen nicht wie einer Kollegin aus NRW geht. Obwohl ein Schüler sie zweimal dringend darum gebeten hatte, verweigerte sie ihm die Erlaubnis zum Toilettengang. Als Folge davon machte der Schüler sich in der Klasse in die Hose und wurde natürlich sofort zum Gespött der gesamten Schule. Die Kollegin bekam, zu Recht, ein Disziplinarverfahren an den Hals und einen entsprechenden Eintrag in ihre Personalakte. Sie hatte wohl noch nie die Erfahrung gemacht, dass man – selbst als Erwachsener – manchmal ganz plötzlich eine Toilette braucht.

Ich weiß ja, was Sie sagen wollen: Der Toilettengang könne missbraucht werden, um nach draußen zu gehen, sobald der Unterricht nicht mehr so prickelnd ist. Zudem wolle man die Kinder dazu erziehen, auch ihre körperlichen Bedürfnisse zu planen. Das ist alles richtig. Sie sind über 18 und leben in einem freien Land, können also tun, was Sie wollen. Aber die Alternative, dass sich jemand in die Hose macht – und das gibt es – ist für die Lehrkraft sehr riskant. Man tanzt bei einem solchen Verbot auf dünnem Eis.

2. Personensorgeberechtigung

Der Informationsaustausch zwischen Schule und Eltern ist deutlich komplizierter geworden. Früher hatten Schüler ein (verheiratetes) Elternpaar, das in einer gemeinsamen Wohnung lebte und wichtige Informationen über die schulische Entwicklung ihres Kindes austauschte. Diese übersichtlichen Zeiten sind vorbei und wir haben nicht nur geschiedene Eltern, die an unterschiedlichen Orten wohnen und Informationen unterdrücken, sondern vielleicht sogar neue Lebenspartner der Mutter oder des Vaters.

Lassen Sie uns zuerst einen Standardfall nehmen: Die Eltern lassen sich scheiden, und der Vater zieht an einen anderen Ort. Das **Sorgerecht** wird, wie heute allgemein üblich, **beiden** Elternteilen zugesprochen. Das sogenannte **Aufenthaltsbestimmungsrecht** (eine Unterform der Personensorge nach § 1631 BGB) wird der Mutter zugesprochen, bei der das Kind auch wohnt.

Schon bald lernt die Mutter einen neuen Lebenspartner kennen, der zu ihr und dem Kind zieht. Durch die schulgesetzliche Regelung, die großzügiger ist als das Familienrecht (BGB) hat das Kind in diesem Moment drei **Erziehungsberechtigte**: die Mutter, den Vater und den Lebenspartner der Mutter. Das ist eine – gar nicht so seltene – Situation, die der Schule unter Umständen eine Menge Arbeit bescheren kann. Zum Glück muss die Schule im Regelfall nicht alle drei Erziehungsberechtigten benachrichtigen, sobald es etwas mitzuteilen oder zu entscheiden gibt. Denn zunächst kann man annehmen, dass alle sich so korrekt verhalten, wie es gesetzlich vorgesehen ist.

**Gibt es keine anderen Erkenntnisse,
darf die Schule annehmen,
dass die Erziehungsberechtigten sich gegenseitig informieren.**

Dabei informiert die Mutter nicht nur ihren Lebenspartner, sondern auch ihren Exmann über wichtige Dinge, die das Kind betreffen. Deshalb reicht es, grundsätzlich nur die Mutter zu benachrichtigen.

Anders sieht es aus, falls der Exmann (und Vater) sich der Schule gegenüber erklärt und fordert, ebenfalls in Kenntnis gesetzt zu werden. Nicht selten gehen Scheidungen/Trennungen mit großem Streit einher, der zur Folge hat, dass die eine Seite versucht, die andere von Informationen abzuschneiden. Wenn der Vater folglich die Befürchtung äußert, von seiner Exfrau nicht benachrichtigt zu werden, muss die Schule auch ihm wesentliche Dinge (z. B. Klassenfahrt) mitteilen bzw. seine Meinung zu wichtigen Entscheidungen hören.

Und auch bei nicht verheirateten Eltern kann – anders als früher – der nichteheliche Vater jetzt nicht mehr einfach so vom Umgang mit seinem Kind ausgeschlossen werden.

Glücklicherweise muss bei Streitigkeiten zwischen den Erziehungsberechtigten nicht die Schule entscheiden, wessen Meinung zu berücksichtigen ist und wessen Meinung unter den Tisch fällt. Das möchten zwar viele Erziehungsberechtige, aber diese Entscheidung fällt notfalls ein **Familiengericht**, auf das die Schule verweisen sollte, falls die Erziehungsberechtigten sich nicht einigen.

Gleich folgt eine Tabelle, aus der die Entscheidungsbefugnis der Erziehungsberechtigten und die Informationspflicht der Schule hervorgehen. Dabei bedeuten die Abkürzungen:

- **AtL** (**A**ngelegenheiten des **t**äglichen **L**ebens),
- **AwB** (**A**ngelegenheiten von **w**esentlicher **B**edeutung).

Diese Unterscheidung ist vor allem bei getrennt lebenden oder geschiedenen Eltern wichtig. Angelegenheiten von (rechtlich) wesentlicher Bedeutung sind z. B. die Nichtversetzung oder eine Ordnungsmaßnahme. Falls nicht nur einer das Sorgerecht hat, muss hier immer gemeinsam entschieden werden.

Angelegenheiten des täglichen Lebens wären Mitteilungen über ein Schulfest oder über die Rückgabe der Lehrbücher. Hier ist die Vertretung durch einen anderen unproblematisch.

Status	Folge (für die Schule)
Nicht verheiratete Eltern	Rechte bei der Mutter, gemeinsame Sorge aber möglich über „Sorgeerklärung“
Verheiratet	Gemeinsame Sorge, Informieren eines Elternteils genügt
Trennung/Scheidung (Regelfall)	Gemeinsame Sorge, d.h.: bei AtL genügt das Informieren des Elternteils, bei dem das Kind wohnt, nicht aber bei AwB, dort beide.
Trennung/Scheidung, aber Mutter will nicht, dass Vater informiert wird.	Gemeinsame Sorge, falls kein Wunsch des Vaters vorliegt, genügt das Informieren der Mutter.
Trennung/Scheidung (Ausnahme): Nur ein Elternteil hat Sorgerecht.	Nur dieser Elternteil muss bzw. darf informiert werden.
Nach Scheidung Neuheirat	Gemeinsame Sorge der Eltern, aber neuer Ehegatte hat (nach BGB) Mitentscheidungsrecht bei AtL.
Scheidung, Mutter hat alleine Sorgerecht, heiratet wieder, Stiefvater adoptiert Kind.	Gemeinsame Sorge des „neuen“ Paares
Nach Scheidung neuer Partner, Zusammenleben ohne Heirat	Gemeinsame Sorge der Eltern, über Schulgesetze hat neuer Partner auch Erziehungsberechtigung.

3. Erster Elternabend

Die Wochen des neuen Schuljahres vergehen wie im Fluge und der erste Elternabend steht an. Als langgediente Lehrkraft können Sie diesen Abschnitt getrost überspringen, wenn Sie jedoch erst seit Kurzem im Geschäft sind, könnte sich die Lektüre lohnen.

Da es noch keinen Vorsitzenden der Elternschaft (Elternpflegschaft) gibt, liegt es an der Schule bzw. an Ihnen, die erste Einladung auszusprechen und die Leitung des ersten Elternabends zu übernehmen. Sie verschicken also eine Einladung an die Eltern und hoffen, möglichst viele Zusagen zu erhalten. Sie haben Glück. Fast alle Elternteile (auch Kevins!) haben ihr Kommen zugesagt und erscheinen tatsächlich. Nach der Begrüßung und einigen verbindlichen Worten vorweg geht es nun darum, den Vorsitzenden der Elternschaft zu wählen. Dies geht in der Praxis meist ganz formlos über die Bühne. Von einem Schulrechtsbuch können Sie allerdings erwarten, dass es den juristisch korrekten Weg dieser Wahl aufzeigt, um irgendwelchen Einsprüchen vorzubeugen.

Als Erstes benötigen Sie einen **Wahlleiter,** der für die korrekte Durchführung der Wahl verantwortlich ist. Dazu muss sich jemand bereit erklären, **der selbst nicht Elternvertreter werden will.** Dadurch vermeidet man den möglichen Vorwurf, der Betreffende habe die Wahl zu seinen Gunsten manipuliert.

Bei Wahlen sollte alles korrekt laufen

Um es juristisch korrekt zu machen, müsste nach dem Vorschlag, Charlottes Vater als Wahlleiter zu nehmen, gefragt werden, ob es noch andere Vorschläge für die Wahlleitung gibt. Wenn dem so ist, müsste zuerst darüber abgestimmt werden, wer denn als Wahlleiter fungieren darf. Aber diese Variante ist eher theoretisch, weil niemand gerne zusätzliche Aufgaben übernimmt. Falls sich niemand als Wahlleiter findet, weil vielleicht Unsicherheiten über den korrekten Ablauf herrschen, können auch Sie diese Aufgabe übernehmen, sofern es keine Einwände dagegen gibt.

Wir haben also einen Wahlleiter, der jetzt für die korrekte Durchführung der Wahl sorgen muss. Wenn der Wahlleiter noch unerfahren ist, sollten Sie als pädagogische Führungskraft im Hintergrund darüber wachen, dass keine groben Verstöße geschehen.

Der Wahlleiter fragt zuerst, ob es Vorschläge für die Vertretung der Elternschaft gibt. Wird ein Kandidat vorgeschlagen, so ist der nächste Schritt, ihn zu fragen, **ob er die Wahl auch annehmen würde.** Erst nach dieser Zusicherung wird der Name, z. B. an der Tafel, notiert. Es folgt die Frage nach weiteren Kandidaten, die (nach ihrer Zustimmung) ebenfalls an die Tafel geschrieben werden. Kommt auf die Frage: „Gibt es noch weitere Vorschläge?“ keine Antwort mehr, wird die Kandidatenliste geschlossen.

Lassen Sie uns einmal von zwei Kandidaten (Müller und Meier) ausgehen, die sich bereit erklären, diese Funktion zu übernehmen.

Der nächste Schritt ist die Entscheidung über den Abstimmungsmodus. Eine „offene Abstimmung“ ist z. B. durch Handaufheben möglich, **falls es keinen Widerspruch gibt.** Fordert jedoch mindestens **ein** Elternteil eine geheime Abstimmung, so muss mit Stimmzetteln geheim abgestimmt werden.

An dieser Stelle ist ein kleiner, aber wichtiger Einschub notwendig: Zwar ist es erfreulich, wenn von einem Kind nicht nur die Mutter oder der Vater erscheint, sondern beide. Das ändert aber nichts daran, dass es **nur eine Stimme** im Namen des Kindes gibt. Es dürfen also nicht beide Eltern abstimmen, sondern nur ein Elternteil bzw. die beiden Eltern/Erziehungsberechtigten müssen sich auf einen Kandidaten einigen.

Für jedes Kind gibt es nur eine Stimme

Sie als Leitung des Elternabends müssen deshalb feststellen, wie viele **Schüler** an diesem Abend vertreten werden. Denn nur so viele Stimmen darf es später insgesamt geben. Zu der Frage, welche Elternteile/Erziehungsberechtigte Sie bei unklaren Familienverhältnissen ansprechen müssen, lesen Sie notfalls die Erläuterungen vorne unter dem Punkt I 2 (S. 11).

Zurück zu unseren beiden Kandidaten. Bei einer offenen Abstimmung wird durch Handaufheben festgestellt, wer die meisten Stimmen bekommt und ist damit gewählt. Nun kommt etwas, das Ihnen vielleicht überflüssig erscheint, aber seine Berechtigung hat. Denn jetzt muss gefragt werden, **ob der Gewählte die Wahl auch annimmt.**

Sie werden vielleicht einwenden, man habe den Betreffenden doch vorab gefragt, ob er bereit sei, zu kandidieren. Das ist zwar richtig, aber eine Kandidatur ist etwas anderes als die Annahme des damit verbundenen Postens. Denn theoretisch kann man kandidieren, ohne das Amt tatsächlich zu wollen, z. B. um Stimmen von einem anderen Bewerber abzuziehen.

Bei der geheimen Wahl mit Stimmzetteln muss zuerst festgestellt werden, wie viele Stimmberechtigte es gibt, das heißt, wie viele Schüler durch ihre Eltern/Erziehungsberechtigten vertreten sind. Genau diese Anzahl an Stimmzetteln sollten Sie bereithalten und verteilen, denn das Ausgeben von nicht abgezählten Zetteln führt manchmal zu Unstimmigkeiten, falls Sie hinterher mehr abgegebene Stimmen haben als Stimmberechtigte.

Neben dem Wahlleiter sollte es zwei Wahlhelfer geben, die die Stimmzettel austeilen, einsammeln, die Stimmen auszählen und das Ergebnis an der Tafel vermerken.

Nun ist unser Vorsitzender der Klassenelternschaft (Müller) mit 15 Stimmen gewählt, 10 Stimmen entfallen auf den Mitbewerber Meier. Jetzt geht es um den Stellvertreter. Dabei wird häufig ein vereinfachtes Verfahren vorgeschlagen, das nicht ganz korrekt ist: Der Kandidat mit der zweithöchsten Stimmenzahl soll automatisch als Stellvertreter gewählt sein.

Spätestens jetzt bestätigt sich Ihre Vermutung über pingelige Juristen, die überall nur die Probleme sehen. Das stimmt, dafür werden sie ausgebildet. Aber in der Praxis ist dies hilfreich, was Sie vielleicht gleich erkennen. Was hilft Ihnen denn ein Buch, das nur den unproblematischen Regelfall darstellt? Ein solches Buch brauchen Sie nicht. Es wäre relativ überflüssig, weil es Ihnen für auftretende Schwierigkeiten keine Lösung bietet. Deshalb vertrete ich grundsätzlich den Worst-Case-Ansatz. Ich weise Sie auf alle Probleme hin, die auftreten können und hoffe mit Ihnen, dass sie nicht eintreten.

Vorsicht bei der Bestellung des Stellvertreters

Einfach den Kandidaten mit der zweithöchste Stimmenzahl zu nehmen, ist nicht ganz korrekt, weil es ja vielleicht Eltern gibt, die zwar nicht willens sind, für den **Vorsitz** zu kandidieren, gerne aber bereit sind, die Stellvertretung zu übernehmen. Von solchen Eltern gibt es eine ganze Menge. Sie möchten gerne mit dabei sein, aber nicht ganz vorne, nicht als Hauptverantwortlicher.

Den Zweitplatzierten automatisch als Stellvertretung zu nehmen, ist immer dann möglich, wenn Sie die Erziehungsberechtigten vorher auf diesen Schritt hingewiesen haben und es dazu keinen Widerspruch gab. Wurde das allerdings (wie meist) vergessen, so hilft alles nichts: Es folgt jetzt ein zweiter Durchgang für die Wahl des Stellvertreters nach den gleichen Prinzipien wie für die Wahl des Vorsitzenden.

In einigen Bundesländern ist festgelegt, dass die Klassenlehrerin automatisch die Stellvertretung des Vorsitzenden ist. Hier muss also nicht noch einmal gewählt werden.

Sobald die Wahl durchgeführt ist und es einen Vorsitzenden der Elternschaft gibt, ist **er** ab jetzt formal für diesen und alle folgenden Elternabende verantwortlich. Sie als Klassenlehrerin sind lediglich (ein wichtiger) Gast. Da der frisch gewählte Vorsitzende nicht mit seiner Wahl rechnen und sich folglich auch nicht auf den Elternabend vorbereiten konnte, wird er jedoch vermutlich nichts dagegen haben, wenn Sie weiter durch den Elternabend führen und die Punkte ansprechen, die geklärt werden müssen.

4. Grundzüge des Beamtenrechts

Falls Sie nicht in den neuen Bundesländern unterrichten, sind Sie als Grundschullehrerin regelmäßig Beamtin. Als solche haben Sie besondere Pflichten, aber auch besondere Rechte, die kurz dargestellt werden sollen.

Für angestellte Lehrerinnen und pädagogische Mitarbeiterinnen (pädagogische Hilfskräfte) werden die Rechte und Pflichten in einem Arbeitsvertrag geregelt. Diese sind vom Umfang her etwas geringer (keine Beihilfe, aber Streikrecht), im Prinzip aber fast identisch, sodass sie ebenfalls durch das jetzt Folgende erfasst werden.

Da dieses Buch bundesweit erscheint, stellt sich ein kleines Problem: Eigentlich müsste man bei jeder Pflicht bzw. bei jedem Recht die Paragraphen aller 16 Bundesländer aufzählen. Das wäre sehr unübersichtlich – und unnötig. Zwar hat jedes Bundesland sein eigenes Beamtengesetz, aber glücklicherweise hat man dieses am Bundesbeamtengesetz (BBG) ausgerichtet. Sie werden somit die von mir zitierten Paragraphen des BBG auch im Beamtengesetz Ihres Landes wiederfinden, allerdings nicht unbedingt an der gleichen Stelle. Lassen Sie sich also bitte nicht von den angeführten Paragraphen verwirren.

Die angeführten Paragraphen gelten für das Bundesbeamtengesetz

a. Pflichten

Die Beamten- und Schulgesetze der Bundesländer machen es sich relativ leicht. Immer findet sich irgendwo eine Passage, in der sinngemäß steht, dass alle Beamten bzw. Lehrkräfte verpflichtet sind, sich an die geltenden Rechtsvorschriften zu halten. Das hört sich zunächst gar nicht so schlimm an und erscheint fast selbstverständlich. Dahinter steckt aber Folgendes: Lehrkräfte müssen nicht nur das wissen und berücksichtigen, was z. B. im Schulgesetz und den Verordnungen/Erlassen steht. Darüber hinaus müssen sie auch alle rechtlichen Bestimmungen kennen, die einen Bezug zur Schule haben. Dazu gehören z. B. das komplizierte Urheberrecht oder das noch kompliziertere Datenschutzrecht. Und diese beiden Bereiche muss man als Lehrkraft nicht nur oberflächlich zur Kenntnis genommen haben, sondern auch berücksichtigen. Aber nun zu den konkreter definierten Pflichten:

Folgepflicht (§ 55 BBG):

Diese hieß früher etwas strenger „Gehorsamspflicht" und besagt: Alle Lehrkräfte, aber auch die pädagogischen Mitarbeiter, sind verpflichtet, dienstliche Anweisungen des Schulleiters Karl Rotte bzw. seiner Stellvertretung zu befolgen. Mein Musterbeispiel hierfür stammt aus der kalten Jahreszeit: Die Kollegin Nass hat Aufsicht auf dem Pausenhof, der mit Schnee bedeckt ist, weil es in der Nacht erheblich geschneit hat. Da der Schnee eine unglaubliche Faszination auf Kevin und seine Freunde ausübt, fangen sie an, sich mit Schneebällen zu bewerfen. Immer, wenn die Kollegin sich umdreht, fliegen die kleinen runden Kugeln. Die Situation ist also durch nur eine Aufsicht nicht in den Griff zu bekommen. Dies wäre ein Anlass für den Kollegen Rotte, zwei oder drei weitere Kolleginnen zur Unterstützung mit auf den Pausenhof zu schicken, um das gefährliche Schneeballwerfen wirksam zu unterbinden.

Vertrauensvolle Zusammenarbeit (§ 54 BBG):
Diese Pflicht der Lehrkräfte ist ebenfalls so wichtig, dass sie im Beamtengesetz verankert ist. Nun sind Grundschulen in der Regel angenehm klein und übersichtlich, wodurch nach meiner Erfahrung ein fast familiärer Umgangston herrscht. Trotzdem könnte es eine Kollegin geben, mit der Sie sich nicht verstehen. Das ändert aber nichts an Ihrer Verpflichtung, mit dieser Kollegin dienstlich korrekt zusammenzuarbeiten und ihr keine Steine in den Weg zu legen. Die geforderte vertrauensvolle Zusammenarbeit gilt jedoch nicht nur innerhalb der „normalen" Lehrkräfte, sondern auch in Bezug auf die Schulleitung. Auch mit ihr muss offen und fair umgegangen werden. Umgekehrt gilt das für die Beziehung der Schulleitung zum Kollegium allerdings ebenfalls.

Amtsverschwiegenheit (§ 61 BBG):
Gerade an der Grundschule mit jüngeren und sensibleren Kindern ist die Amtsverschwiegenheit ernster zu nehmen als an weiterführenden Schulen mit älteren und seelisch robusteren Schülern.

Schweigepflicht nach außen

Als Lehrerin sind Sie verpflichtet, über dienstliche Belange zu schweigen. Dies gilt im Regelfall natürlich nicht innerhalb des Kollegiums. Hier sind Sie sogar aufgefordert, sich über schwierige Schüler auszutauschen, um sie optimal zu fördern. Die Schweigepflicht wirkt also vor allem nach außen.

Manchmal ist sie aber auch innerhalb des Kollegiums zu beachten, z. B. beim Verdacht auf Misshandlungen eines Kindes (mehr unter dem Punkt II 5). Hier dürfen Sie gegenüber **unbeteiligten** Kolleginnen, die dieses Kind nicht im Unterricht haben, nicht leichtfertig belastende Vermutungen äußern.

Die Schweigepflicht greift nicht nur gegenüber unbeteiligten Dritten, z. B. Ihren Nachbarn. Sie wirkt auch gegenüber anderen Eltern und überschneidet sich mit dem Datenschutz. Wenn wir es ganz ernst nehmen, dürfen Sie einem Elternpaar nicht die Adresse oder Telefonnummer eines anderen Elternpaares geben. Viel weniger dürfen Sie natürlich persönliche Informationen über Schüler oder deren Elternhaus an andere Schüler oder deren Eltern weiterreichen.

Aber keine Regel ohne Ausnahme. Die Schweigepflicht bzw. der Datenschutz greifen nicht mehr, sobald eine Sache bereits öffentlich bekannt ist.

Falls schon durch Mitschüler an der Schule verbreitet ist, dass Kevin in einem Supermarkt gestohlen hat, braucht diese Tatsache nicht mehr verschwiegen zu werden. Man kann sich darüber streiten, ob es pädagogisch sinnvoll ist, Kevins Vergehen öffentlich zu thematisieren, aber ein Verstoß gegen die Schweigepflicht bzw. den Datenschutz liegt in diesem Fall nicht vor.

Die zweite Ausnahme gründet sich auf das sogenannte **„berechtigte Interesse“**, das im Einzelfall vorliegen kann. Lassen Sie uns zur Verdeutlichung einmal davon ausgehen, dass Sie an einer größeren Grundschule unterrichten, an der sich die Schüler nicht alle kennen. In einer großen Pause wird der kleine zierliche Alexander von einem – ihm unbekannten – Schüler verprügelt. Die Eltern erfahren von dem Vorfall und wenden sich an Sie als Klassenlehrerin, denn sie wollen den anderen Schüler zivilrechtlich verklagen.

Das „berechtigte Interesse“

Sie wissen zufällig, wer Alexander geschlagen hat, nämlich Kevin, Sie kennen natürlich seinen Nachnamen und seine Adresse bzw. die seiner Eltern. Aber dürfen Sie den Eltern von Alexander einfach Kevins Adresse bzw. die seiner Eltern herausgeben?

Wenn Sie sich das oben fett Gedruckte noch einmal anschauen, ahnen Sie natürlich die Antwort. Offensichtlich unterscheiden die Juristen zwischen einem einfachen Interesse und einem **berechtigten Interesse.** Letzteres liegt vor, wenn jemand nicht nur herummaulen, sondern einen Rechtsanspruch geltend machen will. Würden Sie oder die Schule in einem solchen Fall die Auskunft verweigern, wäre die Durchsetzung dieses Anspruchs verhindert oder zumindest wesentlich erschwert. Also dürfen Sie in diesem Fall Kevins Namen und Adresse den Eltern von Alexander mitteilen.

Das berechtigte Interesse kann helfen, etwas zu legitimieren, was eigentlich untersagt ist.

Fürsorgepflicht:

Als Lehrerin einer Grundschule haben Sie, wie die Juristen es nennen, eine **„Garantenstellung“**, die in anderen Worten im Schulgesetz Ihres Landes festgeschrieben ist. Dieser Begriff bezeichnet eine deutlich erhöhte Verantwortung. Mehr dazu finden Sie unter dem Punkt Aufsichtspflicht (III 2, S. 63). Eine Garantenstellung kann man z. B. durch einen Vertrag bekommen, in dem sich ein Bergführer verpflichtet, Touristen sicher auf den Gipfel zu führen.

Eltern haben automatisch eine Garantenstellung für ihr Kind, und Lehrkräfte haben sie durch die Tatsache, dass die Kinder der Schule anvertraut werden, um sie auszubilden. Dabei müssen sie beaufsichtigt werden, wobei die Lehrkräfte alles in ihrer Macht Stehende tun müssen, um körperliche, aber auch Vermögensschäden von den Schülern abzuwehren.

Neutralitätsgebot (§ 52 BBG):
Gerade die jungen Schüler der Grundschule sind in hohem Maße an ihrer Lehrerin als Mensch interessiert. Das ist verständlich, schließlich ist sie eine ganz wichtige Bezugsperson, mit der sie manchmal mehr Erlebnisse teilen als mit der Mutter. Es bleibt Ihnen also unbenommen, Ihrer Klasse zu erzählen, ob Sie verheiratet sind, ob Sie Kinder oder Haustiere haben. Auch ist es unbedenklich, den Schülern Ihre Lieblingsspeise, Ihren Lieblingsfilm oder Ihr bevorzugtes Reiseland zu verraten.

Weltanschauung ja, aber nicht missionarisch

Kritisch kann es werden, sobald Sie nach Ihrer Religion bzw. Ihrer politischen Einstellung gefragt werden. Dürfen Sie offen antworten, oder verletzen Sie dadurch die in der Schule gebotene Neutralität? Hierzu haben die Gerichte mehrfach festgestellt: Um die geforderte Neutralität zu wahren, müssen sich Lehrkräfte nicht jeglicher Stellungnahme enthalten. Vielmehr dürfen sie sich ihren Schülern als Mensch mit bestimmten Einstellungen darstellen. Gefordert wird jedoch, die eigene Religion oder die politische Einstellung **nicht missionarisch** zu verbreiten.

Ich sage in Fortbildungen immer gerne: Machen Sie es wie Harald Schmidt. Wenn er in seiner Show erzählt, er sei am letzten Wochenende mit seinem Jaguar nach Heidelberg gefahren, so dürfen Sie sicher sein, der nächste Satz lautet: „Auch Mercedes und BMW bauen gute Autos." Wenn Sie sich an dieses Prinzip halten, sind Sie auf der sicheren Seite. Sagen Sie, wenn Sie dies wollen, welcher Religion Sie angehören und wo Sie politisch stehen. Aber machen Sie im nächsten Satz deutlich, dass es auch andere Religionen bzw. politische Richtungen gibt, die ebenso vertretbar sind.

b. Rechte

Weisungsrecht:
An Universitäten und Seminaren wird es gerne verschwiegen. Dort wird häufig angeregt, man möge das Verhalten von Schülern am besten über „stumme Impulse" steuern. Die Lehrerin malt etwas an die Tafel, das niemand erkennen kann – und dann sollen die Schüler raten, was sie wollen sollen. Das dürfen Sie gerne machen, insbesondere bei Unterrichtsbesuchen und Inspektionen wird solches Lehrerverhalten sehr positiv bewertet. Es ist aber ebenfalls zulässig, Schülern klare Anweisungen zu geben: „So, ihr

nehmt jetzt die Hefte raus und schreibt das von der Tafel ab!" Denn rechtlich sind Sie quasi die Vorgesetzte der Schüler und dürfen Weisungen aussprechen, **die zu befolgen sind.**

Manchmal muss das Eltern erklärt werden, die sich gegen ihre Kinder nicht durchsetzen können und fälschlich meinen, auch die Anweisungen der Lehrerin seien nur Vorschläge, die man befolgen könne, wenn man Lust dazu habe. Je früher diese rechtlich (und pädagogisch) falsche Vorstellung bei Schülern und Eltern korrigiert wird, desto leichter wird es für die Schule und für Sie.

Dürfen Sie nun Kevin anweisen, eine Kakaotüte aufzuheben, die auf dem Boden liegt und von der Sie nicht wissen, wer sie dorthin geworfen hat? Bei entsprechend sozialisierten Schülern können Sie manchmal hören: „Das ist nicht meine!" oder „Die hab ich da nicht hingeworfen!" Das mag ja sein, ändert aber nichts daran, dass Kevin verpflichtet ist, die Kakaotüte aufzuheben.

Das Aufheben der Kakaotüte ist keine Strafe

Das Aufheben der Tüte ist nämlich keine Strafe, wie autoritätskritische Eltern oder ihre Kinder es manchmal empfinden. Vielmehr ist es die konkrete Umsetzung eines wichtigen Erziehungsziels, nämlich Sauberkeit und Ordnung zu lernen. Dieses Recht, Schülern Weisungen zu erteilen, die einem schulischen Zweck dienen, gilt nicht nur in Bezug auf Schüler, die Sie unterrichten, sondern darüber hinaus für alle Schüler Ihrer Schule.

Sie sind allen Schülern Ihrer Schule gegenüber weisungsberechtigt.

Pädagogisches Ermessen:

In vielen Fällen besitzen Lehrkräfte einen Spielraum, den die Juristen als **Ermessen** bezeichnen. Dieser Spielraum ist durchaus sinnvoll, und deshalb verstehe ich Kollegen nicht, die am liebsten alles haarklein geregelt haben wollen. Besser ist es doch, auf unterschiedliche Einzelfälle flexibel reagieren zu können. Schließlich kennt niemand Ihre Schüler besser als Sie. Aus diesem Grund können Sie am besten entscheiden, ob es einem Schüler mit Defiziten hilft, zusätzliche Hausaufgaben zu bearbeiten oder ob es günstiger ist, ihm weniger Hausaufgaben zu geben. Beides wäre rechtlich vertretbar und hängt von Ihrer Beurteilung der Situation bzw. der Persönlichkeit des Schülers ab.

Der Ihnen zugestandene Spielraum, das Ermessen, ist allerdings **keine freie Wahlmöglichkeit,** bei der Sie willkürlich die eine oder andere Entscheidung treffen dürfen. Es wäre also nicht möglich, allen Brillenträgern mehr Hausaufgaben aufzugeben, denn das wäre, wie die Juristen sagen, eine „sachfremde Erwägung". Sie dürften aber ohne Weiteres denjenigen mehr Hausaufgaben aufgeben, die bei der letzten Leistungskontrolle Defizite in einem bestimmten Bereich gezeigt haben. Denn jetzt haben Sie für Ihre Entscheidung einen **sachlich nachvollziehbaren Grund.**

Nicht allen das Gleiche, aber jedem das Seine

Falls die Eltern der Schüler, die Sie mit solcher Mehrarbeit belasten, nun argumentieren, dies sei eine unzulässige Ungleichbehandlung, so irren sie sich. Denn auch im Strafrecht werden Geldstrafen nicht für alle in gleicher Höhe verhängt, sondern jeder wird nach einem Tagessatz bestraft, der sich an seinem Verdienst bemisst. Das Bundesverfassungsgericht (BVerfG) hat mehr als einmal klargestellt, wie der Gleichheitssatz des Grundgesetzes zu verstehen ist. Seine wahre Bedeutung besteht nämlich nicht darin, alle über einen Kamm zu scheren, sondern jedem das zukommen zu lassen, was ihm angemessen ist. Das BVerfG sagt:

Nur Gleiches muss gleich,
Ungleiches aber muss ungleich behandelt werden.

Beurteilungsspielraum:

Dieser für Lehrkräfte zentrale Spielraum wurde vom Bundesverwaltungsgericht (BVerwG) bereits vor über 50 Jahren aufgestellt und seitdem immer wieder bestätigt. Er ist also nicht nur zentral für die Leistungsbewertung, sondern auch unbestritten.

Zwar wird dieser Aspekt ausführlich unter III 4 (S. 78 ff.) behandelt, aber so viel hier vorweg: Die Bewertung von Leistungen ist **kein rein mathematischer Vorgang,** sondern auch ein pädagogischer Prozess. Deshalb ist es z. B. möglich, einem Schüler, dessen schriftliche und mündliche Leistungen rechnerisch 4,3 betragen, eine Fünf auf dem Zeugnis zu geben. Rechtlich zulässig ist dies immer dann, wenn das Arbeitsverhalten (mehrfach nicht gemachte Hausaufgaben, nicht gehaltene Referate) deutlich zu wünschen übrig lässt.

Amtshaftung:

Ein weiteres Recht von (beamteten) Lehrkräften besteht in der sogenannten Amtshaftung. Diese ist so wichtig, dass sie sogar im Grundgesetz (Art. 34) aufgeführt wird. Sie besagt: Für einen Schaden, den ein Beamter in Ausübung seines Dienstes verschuldet, haftet zunächst der Dienstherr.

Für den Geschädigten ist das eine wertvolle Absicherung, da der Beamte finanziell vielleicht gar nicht die Mittel besitzt, einen riesigen Schaden zu ersetzen. Die Amtshaftung des Dienstherrn (also des Landes) ist eine Garantie, um das Vertrauen in den Staatsapparat zu stützen. Niemand soll befürchten müssen, durch einen Beamten geschädigt zu werden, ohne dass dieser Schaden ausgeglichen wird.

Für angestellte Lehrerinnen und pädagogische Mitarbeiterinnen gilt im Prinzip das Gleiche, nur dass die Absicherung nicht über das Grundgesetz, sondern über den Arbeitsvertrag erfolgt. Es ist ähnlich wie in der freien Wirtschaft: Auch der Monteur einer Autofirma, der die Bremsen fehlerhaft einbaut, wird nicht direkt zur Verantwortung gezogen, falls der von ihm montierte Wagen einen Unfall erleidet. Zuerst wird der Autohersteller den Geschädigten entschädigen und dann in einem zweiten Schritt prüfen, ob und in welchem Maße er seinen Monteur zum Ersatz des Schadens heranzieht.

Damit kommen wir zur Kehrseite der Medaille. Zwar ersetzt der Dienstherr **zunächst** den von einer Lehrkraft verursachten Schaden, jedoch fordert er ab einer bestimmten Stufe der Schuld (grobe Fahrlässigkeit) das verauslagte Geld zurück. Diesen finanziellen Rückgriff, Sie wissen es vermutlich, nennt man „Regress". Doch dazu mehr bei der Aufsichtspflicht und den Stufen der Schuld (III 2a).

5. Fotografie und Datenschutz

Schon bald soll das erste Klassenfoto der Erstklässler gemacht werden, die bereits darauf brennen. Auf die Problematik, dafür wertvolle Unterrichtszeit zu opfern, um einem professionellen Fotografen einen schönen Verdienst zukommen zu lassen, will ich hier nicht eingehen. Das ist die Entscheidung Ihrer Schulleitung.

Das Problem, um das es mir hier geht, ist der fast alles beherrschende Datenschutz: Nach ihm hat jeder Mensch das Recht am eigenen Bild. Das heißt, **er** bestimmt darüber, ob man ihn fotografieren darf oder nicht. An weiterführenden Schulen kann die Entscheidung, ob Schüler sich fotografieren lassen wollen oder nicht, ab einem gewissen Alter schon von diesen selbst gefällt werden.

Grundschüler sind nicht selbstbestimmungsfähig

Bei Grundschülern ist dies nicht möglich, weil sie nur freudig das gemeinsame Klassenfoto im Blick haben, ohne auch nur einen Gedanken an den Datenschutz zu verschwenden. Das müssen sie auch nicht, weil es nämlich in der Verantwortung der Lehrkraft liegt, hieran zu denken und die Einwilligung der Eltern einzuholen. Lassen Sie sich diese Einwilligung zu Ihrer Absicherung schriftlich geben. Dabei bleibt es Ihnen überlassen, ob diese nur für den Einzelfall des Klassenfotos gelten soll. Günstiger ist eine pauschale Ermächtigung, das Kind in schulischem Rahmen auch in anderen Situationen fotografieren zu dürfen. Diese Variante würde Vieles vereinfachen. Einen Vordruck dafür finden Sie im Anhang unter Nr. 2.

Da wir schon beim Datenschutz sind, sollten wir auch über die **Adressenliste** der Schüler reden. Es gehört hoffentlich zum schulrechtlichen Grundwissen, den Beruf des Vaters/der Eltern nicht mehr öffentlich abzufragen und im Klassenbuch zu vermerken. Aber was spricht nun gegen die öffentliche Bekanntgabe der Adressen bzw. der Telefonnummer? Zum Einen: Kein Elternteil muss diese allen anderen mitteilen. Es reicht, wenn die Schule über die Nummer verfügt, damit sie im Bedarfsfall mit den Eltern Kontakt aufnehmen kann.

Datenschutz ist ein Grundrecht

Um die Problematik öffentlicher Adressangaben zu verdeutlichen, muss ich ein wenig ausholen: Vielleicht haben Sie vor einiger Zeit die Diskussion über Googles „Street-View" verfolgt, bei dem ein Auto durch die Straßen fährt, die Hausfassaden ganzer Straßenzüge filmt und später für alle sichtbar ins Internet stellt. Kennt man also den Straßennamen und sucht danach im Netz, sieht man dort nicht nur das Haus (Villa oder sozialer Wohnungsbau), sondern auch die (gepflegte oder verkommene) Umgebung. Wer sich in einer Stadt gut auskennt, braucht nicht einmal die Dienste von Google Street-View. Er weiß einfach, welche Stadtviertel, welche Straßen einen schlechten Ruf haben, weil dort Migranten oder sozial Schwache wohnen.

Dieses „social-screening" ist der Grund dafür, auf Wunsch der Eltern auf die öffentliche Wiedergabe von Straßennamen in Klassenlisten zu verzichten. Allerdings ist die Schule nicht verpflichtet, erwachsene Menschen auf diese Problematik hinzuweisen. Vielmehr reicht es, wenn auf dem Datenblatt der Erziehungsberechtigten ein Kästchen zum Ankreuzen ist, das diese markieren können, falls sie mit der Aufnahme ihrer Adresse in eine Klassenliste nicht einverstanden sind.

Exkurs: Rechtliche Verantwortlichkeit von Kindern

Lassen Sie uns, bevor es später an die Aufsichtspflicht (III 2) geht, schon einmal einen kurzen Blick in das Strafgesetzbuch (StGB) und einen etwas längeren in das Bürgerliche Gesetzbuch (BGB) werfen, und zwar in die unterschiedlichen Stufen der **„Deliktfähigkeit"**. Die dort festgelegten Altersstufen sind nämlich für die Grundschule von großer Bedeutung.

Sie wissen sicher, dass Kinder bis zum 14. Geburtstag nicht strafmündig sind. Das heißt, der Gesetzgeber nimmt an, dass vor dem vollendeten 14. Lebensjahr keine Einsicht in die Strafbarkeit verbotener Handlungen möglich ist. Ich halte das für falsch, was jedoch nichts an dieser Altersgrenze ändert. Deshalb werden Kinder, die strafbare Handlungen begehen, **nicht bestraft,** sondern allenfalls zwangsweise **erzogen.** Aber das ist die strafrechtliche Seite des StGB, mit der Sie in der Grundschule nichts zu tun haben.

Anders ist es bei der zivilrechtlichen Seite, die im BGB geregelt ist. Dort ist festgelegt, dass Kinder vor Vollendung des siebten Lebensjahres, also bis zum siebten Geburtstag, **nicht deliktfähig** sind. Das bedeutet im Klartext: **Für Schäden, die sie verursachen, müssen sie nicht aufkommen.**

Falls Sie jetzt an das allseits bekannte Baustellenschild „Eltern haften für ihre Kinder" denken, dann hilft uns das weiter, obwohl diese Aussage falsch ist. Es ist tatsächlich so: Eltern haften grundsätzlich **nicht** für die Kinder, sondern jeder haftet nur für sich selbst, falls er denn dazu verpflichtet ist. Zwar begleichen viele Eltern erfreulicherweise die Schäden, die ihre Sechsjährigen angerichtet haben, rechtlich verpflichtet sind sie dazu aber nicht. Und wer haftet dann?

Kinder unter 7 Jahren haften nicht

Wenn die Kinder noch nicht sieben Jahre alt sind, dann haften auch sie nicht für die von ihnen angerichteten Schäden, weil sie noch nicht deliktfähig sind. Es haftet also niemand. Ja, auch das gibt es! Der Geschädigte hat einfach Pech gehabt. Um solche Fälle zu minimieren, ist im ersten Grundschuljahr eine besonders enge Überwachung durch die Schule gefordert. Diejenigen, die das Schuleintrittsalter vorverlegt haben, haben dadurch der Schule (bis zum siebten Geburtstag der Schüler) eine rechtlich brisante Gefahrenzone beschert. In dieser könnten die Schüler unbekümmert Schäden verursachen, ohne dafür rechtlich einstehen zu müssen.

Da mit dem Schuleintritt in der Regel erst das sechste Lebensjahr vollendet ist oder bald beendet sein wird, haften die Kinder im ersten Schuljahr noch nicht für die Schäden, die sie anderen zufügen. Auch eine Versicherung, die die Eltern für ihre noch nicht deliktsfähigen Kinder abschließen, würde nicht zahlen. Denn es gilt der alte Grundsatz des Versicherungsrechts:

Die Versicherung zahlt nur, wenn der Versicherte zahlen müsste.

Da Schüler aber vor dem siebten Geburtstag noch nicht für ihre Schäden haften, braucht auch die Versicherung nicht zu zahlen. Sie mag es vielleicht bei kleinen Schäden aus Kulanz tun, verpflichtet ist sie dazu jedoch nicht.

Spätestens ab dem siebten Geburtstag (Vollendung des siebten Lebensjahres) sollten die Eltern eine Haftpflichtversicherung haben, die auch ihre

Kinder mit einschließt. Manchmal zahlen zwar die sogenannte „Schulversicherung“ oder der „kommunale Schadensausgleich“ (KSA), aber eben nur manchmal. Mehr dazu unter dem Punkt III 2c (Aufsichtspflicht, Versicherung).

Ab dem siebten Lebensjahr haften Kinder für Schäden, die sie anrichten, weil man grundsätzlich unterstellen kann, dass sie die notwendige Einsicht besitzen. Nun gibt es aber Lebenssituationen, die sehr komplex und für Kinder schwer zu überschauen sind. Dazu gehört nach Auffassung der Gerichte z. B. der Straßenverkehr. Hier hat die Rechtsprechung eine zusätzliche Altersgrenze gezogen, die nicht im Gesetz steht, aber trotzdem gilt. Sie liegt bei 10 Jahren. Ab diesem Alter haften Kinder auch für Schäden im Straßenverkehr. Aber da verlassen sie in der Regel die Grundschule.

6. Informationspflicht der Schule

Nähern wir uns diesem Punkt mit einer Frage. Kennen Sie den Typ der Helikoptermama? Das ist eine Mutter, die wie ein Hubschrauber ständig über ihrem Kind schwebt, um alles für sein Wohl zu tun und es vor der bösen Welt zu beschützen. Und davon gibt es in jeder Klasse mindestens eine. Selbstredend hat die Kollegin Nass bei ihren Schülern auch eine solche Mutter, nämlich die von Alexander. Am Anfang war Anna Nass als Klassenlehrerin noch hoch erfreut, eine Mutter zu finden, die sich für die schulische Entwicklung ihres Kindes interessiert, aber nach dem Elternabend ändert sich dieses Gefühl.

Die Mutter bittet die Kollegin noch kurz zu einem Gespräch und fordert sie auf, doch bitte einmal in der Woche anzurufen, um ihr einen Zwischenstand über die schulische Entwicklung ihres kleinen Alexander zu geben. Während die Kollegin noch nach einer Antwort sucht, die nicht allzu ablehnend wirkt, legt die dynamische Mutter nach. Sie möchte gerne die Telefonnummer, besser noch die Handynummer von Frau Nass haben, um sie im Bedarfsfall anrufen zu können.

Grundsätzlich Holschuld der Eltern

Damit stellt sich die juristische Frage, welchen Informationsanspruch die Eltern eigentlich gegenüber der Schule haben. Die gute Nachricht vorweg: Grundsätzlich sind Informationen über die schulischen Belange der Kinder eine **Holschuld** der Eltern. Das heißt, die Schule braucht nicht von sich aus zu liefern, sondern die Eltern müssen holen, wenn sie etwas wissen wollen. Damit ist geklärt: Nicht die Klassenlehrerin hat anzurufen, sondern die wissensdurstige Mutter.

Wie häufig kann nun nach der schulischen Entwicklung gefragt werden? Mir ist kein Erlass bekannt, in dem ein Anspruch der Eltern begründet wird, wöchentlich Informationen über die schulische Entwicklung zu bekommen. Das halte ich auch für übertrieben. Angemessen wäre es, engagierten Eltern etwa einmal im Monat einen Zwischenstand über die Leistung ihres Kindes zu geben.

Nun hatte ich etwas weiter oben gesagt, Informationen über die schulische Entwicklung der Kinder seien grundsätzlich eine Holschuld der Eltern. Dabei bedeutet das Wörtchen „grundsätzlich" bei Juristen, dass es Ausnahmen gibt, die man als Lehrkraft natürlich kennen sollte.

Die Holschuld der Eltern schlägt nämlich in eine **Bringschuld der Schule** um, sobald schulische Vorkommnisse erheblich sind oder es werden können. Was bedeutet das nun konkret? Die Schule muss von sich aus liefern, wenn:

- eine Fünf in einem Unterrichtsfach droht,
- ein Schüler einen schweren Disziplinverstoß begangen hat,
- eine Gesundheitsgefährdung des Schülers entdeckt wird.

Bei wichtigen Ereignissen muss die Schule „bringen"

Zu ergänzen bleibt Folgendes: Es gibt nicht nur eine Informationspflicht an die Eltern, sondern seit einigen Jahren auch die Pflicht, die Strafverfolgungsbehörden (Polizei, Staatsanwalt) zu benachrichtigen. Das gilt auch für Schüler der Grundschule, also Schüler, die noch nicht strafmündig sind. Diese – über einen Erlass geregelte – Informationspflicht ist eine Konsequenz der realistischen Erkenntnis, dass auch an Schulen kriminelle Handlungen vorkommen. Diese können und sollen ab einer gewissen Schwere nicht mehr mit pädagogischen „Bordmitteln" schulintern gelöst werden, sondern die Strafverfolgungsbehörden sind zu informieren und entscheiden dann, ob und welche Schritte eingeleitet werden.

Für Sie als Lehrkraft ist die Angelegenheit relativ einfach. Sie müssen einen kriminellen Verstoß nämlich lediglich an die Schulleitung melden, die dann entscheiden muss, ob sie ihn an Polizei und Staatsanwaltschaft weiterleitet.

An dieser Stelle kann nicht der gesamte Erlass wiedergegeben werden, jedoch sollten Sie wissen, wie niedrig die Schwelle ist, ab der gemeldet werden muss. Die Meldepflicht beginnt in den meisten Bundesländern beim Raub.

Was nun ist ein Raub, und worin unterscheidet er sich vom Diebstahl? Verkürzt kann man sagen: Diebstahl ist die Wegnahme einer fremden Sache mit List. Beim Raub jedoch kommt eine **Gewaltkomponente** hinzu, weil der Räuber eine Sache entweder mit Gewalt wegnimmt oder dem anderen mit Gewalt droht.

In einigen Bundesländern (z. B. Niedersachsen) sind auch heftige Beleidigungen, falls sie sexuell oder rassistisch geprägt sind, bereits meldepflichtig. Nehmen Sie sich also an einem langen Winterabend einmal den Erlass Ihres Bundeslandes vor und studieren Sie ihn in Ruhe. Sie werden vermutlich überrascht sein, was alles (an die Schulleitung) gemeldet werden muss.

Das zweite Jahr

2

Die „Kurzen“ haben nicht nur das erste Jahr gut überstanden, sondern sich in den Sommerferien auch bestens erholt und freuen sich auf die interessanten Dinge, die nun auf sie zukommen werden. Aber zunächst einmal soll für „Giraffi“, das Stofftier der Klasse, ein Geburtstagslied gesungen werden. Giraffi ist allerdings während der Sommerferien umgefallen, weshalb die Kinder sagen, Frau Nass müsse sie wieder richtig hinstellen, denn sie dürfe in der Schule nicht schlafen.

An der Wand hängt ein Plakat mit Hunderassen, die voller Interesse betrachtet werden. Die Kakteen und anderen pflegeleichten Pflanzen haben die Sommerzeit einigermaßen überstanden, sodass der neu eingeteilte Blumendienst eine faire Chance auf Erfolg hat. Kevin erzählt stolz, dass bei seiner Mutter jetzt ein neuer Mann wohnt, zu dem er „Papa“ sagen soll. Der ist unglaublich stark und hat richtige Tattoos auf den Armen. Und er hat gesagt, falls die Lehrerin Kevin ausschimpfen sollte, dann wird er ihr schon was erzählen. Auch Kevin hat deshalb jetzt Klebe-Tatoos auf seinen Unterarmen, auf dem linken einen Tiger und dem rechten einen Ritter mit gezogenem Schwert.

1. Rechte und Pflichten der Eltern

Leider gibt es immer wieder Eltern, die der Schule verbieten wollen, sich in die Erziehung ihrer Kinder einzumischen. Dies vor allem dann, wenn die Schule erhebliche Defizite des sozialen Verhaltens feststellt und Gegenmaßnahmen ergreift bzw. die Eltern auffordert, sie bei diesen Maßnahmen zu unterstützen. Viele Kolleginnen sind dann verunsichert, weil die Eltern natürlich das Recht haben, die Erziehung ihrer Kinder zu bestimmen. Aber in welchem Maße? Und was ist mit der Schule, besitzt nicht auch sie ein Erziehungsrecht?

Wie groß ist das Erziehungsrecht der Schule?

Um diesen Aspekt zu klären, möchte ich Ihnen das **Sexualkundeurteil** vorstellen, dessen Ergebnis Sie vermutlich kennen, das aber ganz grundsätzliche Fragen des Verhältnisses von Schule und Elternhaus klärt. Worum ging es? Eine Schülerin sollte in der Schule Sexualkundeunterricht bekommen. In dem dafür vorgesehenen Biologiebuch war auf der einen Seite die Fortpflanzung bei Tieren dargestellt, direkt auf der gegenüberliegenden Seite jedoch die menschliche Variante.

Das behagte den Eltern überhaupt nicht und sie beantragten die Befreiung ihrer Tochter vom Unterricht. Die Schule lehnte ab, die Eltern sagten: „Das wollen wir doch mal sehen!“ und so ging die Sache zum Bundesverfassungsgericht (BVerfG). Dieses entschied, die Tochter müsse am Sexualkundeunterricht teilnehmen, womit der allgemein bekannte Teil des Urteils abgehandelt ist.

In genau diesem Urteil klärt das BVerfG aber auch das Verhältnis von elterlichem und schulischem Erziehungsrecht. Die Eltern hatten argumentiert, ihr Erziehungsrecht sei höher anzusiedeln als das der Schule. Damit scheiterten sie grandios. Denn das BVerfG stellte fest:

Das Erziehungsrecht von Eltern und Schule ist absolut gleichberechtigt.

Das Gericht begründete diese Entscheidung, indem es zwischen individueller und kollektiver Erziehung unterschied. Dabei sind die Eltern prädestiniert für die individuelle Erziehung ihres Kindes. Die aber ist heute nicht mehr ausreichend, weil wir in einer Massengesellschaft leben, in der es erforderlich ist, sich auch in einer größeren Gruppe angemessen zu verhalten. Diese **„kollektive Erziehung“** kann natürlich von den Eltern gar nicht geleistet werden, es sei denn, sie hätten 25 Kinder. Folglich ist die Schule mit ihren ausgebildeten Fachkräften die geeignete Institution, um Schüler zu einem sozial angemessenen Verhalten in einer Gruppe zu erziehen.

Damit ist geklärt: Die Schule hat sehr wohl das Recht, sich in die Erziehung der Eltern einzumischen, wenn deren Kinder erhebliche Defizite im Sozialverhalten zeigen. Ich gehe sogar noch weiter: Wenn wir uns darüber einig sind, dass der Bildungsauftrag der Schule nicht nur die Unterrichtung, sondern auch die Erziehung umfasst, dann besitzt die Schule nicht nur das Recht, sondern sogar die Pflicht, erzieherisch auf Schüler einzuwirken, die sich sozial unverträglich verhalten.

Neben Eltern, die sich verbitten, dass die Schule sich einmischt, gibt es leider auch solche, die sich am liebsten gar nicht um die Erziehung ihrer Kinder kümmern wollen. Diese Verweigerungshaltung ist ebenfalls nicht nur unverantwortlich, sondern auch rechtlich nicht haltbar. Bereits ein flüchtiger Blick ins Grundgesetz genügt. In Art. 6 des Grundgesetzes steht nämlich sinngemäß: „Pflege und Erziehung der Kinder sind das natürliche Recht **und die natürliche Pflicht** der Eltern.“ Damit ist alles klar. Die Eltern können sich nicht aus der Erziehung ihrer Kinder ausklinken und diese schwierige Aufgabe auf die Schule abwälzen. Einige Bundesländer (z. B. Niedersachsen) haben diese Elternpflicht in ihrem Schulgesetz noch einmal erwähnt, um sie für die Eltern ganz deutlich zu machen.

Eltern müssen das Erziehungsrecht der Schule unterstützen

Exkurs: Selbstverpflichtung von Schülern

Jetzt werde ich als Jurist ins pädagogische Fettnäpfchen treten, denn es geht um die allseits beliebten Selbstverpflichtungen von Schülern. Propagiert von progressiven Pädagogikprofessoren und dankbar aufgenommen von etlichen Lehrerseminaren sind sie mittlerweile aus vielen Schulen nicht mehr wegzudenken. Auf den ersten Blick eine bestechende Idee: Nicht die Schule (bzw. die Lehrerkraft) gibt verbindlich vor, wie sich Schüler zu verhalten haben, sondern man legt den Schülern einen „Vertrag“ vor, dem sie zustimmen können (und sollen!). Dadurch soll, so die Idee, eine starke Selbstbindung an die unterschriebenen Regeln erfolgen.

Das, was sich pädagogisch so überzeugend anhört, wirft juristische Fragen auf, und zwar immer dann, wenn die Schüler etwas unterschreiben sollen, wozu sie sowieso verpflichtet sind. So kenne ich Selbstverpflichtungen, bei denen die Schüler unterschreiben sollen, nicht das Schulgrundstück zu verlassen, nicht zu rauchen oder andere nicht zu schlagen.

Falls diese Selbstverpflichtungen keine Farce, sondern ernst gemeint sein sollen, so stellt sich die Frage, was eigentlich mit Schülern ist, die einen solchen Vertrag **nicht** unterschreiben. Hätten sie dann das Recht, das Schulgrundstück zu verlassen, zu rauchen oder andere zu schlagen? Natürlich nicht. Also was soll dann dieser angebliche Vertrag mit der (scheinbaren) Freiheit, sich zu entscheiden?

Wichtige Regeln gelten auch ohne Zustimmung

Es ist doch so: Unabhängig davon, ob ein Schüler unterschreibt oder nicht, gelten gewisse Regeln. Warum hat uns denn niemand einen Vertrag vorgelegt, bei dem wir entscheiden durften, ob wir uns an die Straßenverkehrsordnung oder das Strafgesetz halten wollen? Ganz einfach deshalb, weil die Geltung zentraler Regeln nicht davon abhängt, ob man ihnen zustimmt.

Entschuldigend lässt sich vermuten, dass diejenigen, die sich die Selbstverpflichtung ausgedacht haben, sicher keine Juristen waren. Denn dann wäre ihnen klar gewesen: Es gibt zwei rechtliche Bereiche, die man nicht verwechseln bzw. vermischen sollte, weil sie nach ganz unterschiedlichen Prinzipien funktionieren: Zum einen gibt es das Zivilrecht (Bürgerliches Recht), in dem Privatpersonen über Verträge fast alles regeln können, wie es ihnen gefällt. Warum auch nicht?

Daneben gibt es aber das **Öffentliche Recht,** zu dem auch das Schulrecht gehört. Die Regeln dieses Bereichs gelten jedoch unabhängig davon, ob die Bürger ihnen zustimmen. Schade. Denn wie gerne würde ich eine Selbstverpflichtung vorgelegt bekommen, ob ich meine Steuern zahlen oder Parkverbote einhalten muss – und dann nicht unterschreiben und davon befreit sein. Aber die Wirklichkeit ist leider anders.

Diese vermeintlichen „Verträge" sind problematisch, da sie Schülern (und Eltern) den falschen Eindruck vermitteln, sie müssten sich nur dann an Regeln halten, wenn sie ihnen vorher zugestimmt haben. Das ist nicht nur falsch, sondern bedenklich, weil es ein Rechtsverständnis fördert, das davon ausgeht, alles sei verhandelbar und von der individuellen Zustimmung abhängig.

Ich verstehe schon die pädagogische Idee hinter diesem Ansatz, aber man sollte sich genau überlegen, für welche Bereiche man sie anwendet und für welche nicht. Sinnvoll können Selbstverpflichtungen bei Kleinigkeiten sein wie beim Grundsatz, sich gegenseitig ausreden zu lassen, sich nicht zu beschimpfen oder nicht ungefragt Eigentum von Mitschülern an sich zu nehmen. Bei grundlegenden Angelegenheiten, die gesetzlich eindeutig geregelt sind, sollte man stattdessen die allgemeine Geltung der Gesetze und der Schulordnung betonen.

2. Inklusion, Nachteilsausgleich und Förderunterricht

a. Inklusion

Da ich auf Fortbildungen immer wieder auf die Inklusion und die damit verbundenen Probleme angesprochen werde, will ich gerne darauf eingehen, obwohl sich zu den interessanten Punkten nur wenig Konkretes sagen lässt. Deshalb nur so viel: Bislang lag das Schulrecht in der Kompetenz der einzelnen Bundesländer. Daneben gab es Bundesgesetze (z. B. das Urheberrecht) oder das Grundgesetz, aber man blieb innerhalb des deutschen Rechts. Das hat sich mit der Inklusion geändert.

Die Behindertenrechtskonvention der Vereinten Nationen (VN-BRK) trat im Mai 2008 in Kraft und wurde von Deutschland im Dezember 2008 ratifiziert. Sie gilt damit verbindlich. Hierdurch wurde das internationale Recht zu geltendem Bundesrecht – mit erheblichem Einfluss auf das deutsche Schulwesen. Was besagt nun diese Konvention im Kern? Etwas verkürzt Folgendes: „Deutschland verpflichtet sich, geeignete Maßnahmen zu treffen, um Menschen mit Behinderung in die Lage zu versetzen, ein Höchstmaß an Unabhängigkeit (...) sowie die volle Teilhabe an allen Aspekten des Lebens zu erhalten."

Internationales Recht beeinflusst deutsche Schulen

Dies soll durch einen gemeinsamen Schulbesuch von nicht behinderten und behinderten Schülern erreicht werden, wobei Letztere aber während des Unterrichts (oder danach) eine sonderpädagogische Unterstützung erhalten. Von den behinderten Schülern wird jedoch eine **Anpassungsleistung an die bestehenden Schulstrukture**n („Mainstreaming") gefordert.

Die Inklusion schließt allerdings nicht die Existenz von Förderschulen (Sonderschulen) aus, vielmehr bekräftigt die Konvention, dass besondere Maßnahmen, die behinderten Menschen helfen, nicht als diskriminierend angesehen werden dürfen. Auch viele Eltern von behinderten Kindern sind der nicht ganz abwegigen Meinung, ihre Kinder könnten an spezialisierten Förderzentren vielleicht besser gefördert werden als an Regelschulen.

Interessant wird es nicht nur bei unterschiedlichen Unterrichtszielen, sondern vor allem bei der Bewertung der Schüler. Mag die (lern)zieldifferente

Wie soll bewertet werden?

Vermittlung von Inhalten noch möglich sein, so wird die Bewertung von Schülern mit unterschiedlichen Voraussetzungen sehr schnell zum Problem. Dies vor allem dann, wenn behinderte Schüler für die Lösung (leichterer) Aufgaben mehr Zeit und/oder bessere Noten erhalten als nicht behinderte für die Bearbeitung von schwierigeren.

Nun haben zwar Grundschullehrerinnen schon immer Schüler mit unterschiedlichen Voraussetzungen unterrichtet und bewertet. Aber die Unterrichtung und Bewertung von Schülern mit Behinderungen liegt jenseits dieses Rahmens und überfordert viele Lehrkräfte. Das liegt nicht zuletzt daran, weil es keine verbindlichen Maßstäbe gibt, in welchem Maße welche Behinderung zu berücksichtigen ist.

Dabei ist die Lösung recht einfach. Wie verhält sich eine korrekte Beamtin (Angestellte), wenn sie einen Auftrag erhält, den sie nicht lösen kann? Sie gibt eine (schriftliche) **dienstliche Erklärung** ab, in der sinngemäß steht: „Ich sehe mich außerstande, dies oder jenes zu entscheiden und wende mich deshalb pflichtgemäß an Sie als meinen Dienstherrn (Arbeitgeber). Bitte geben Sie mir schriftlich eine konkrete **Anweisung, wie ich mich verhalten soll.“** Diese schriftliche Bitte kann nicht ignoriert werden. Anderenfalls würde der Dienstherr seine Fürsorgepflicht verletzen, weil er die korrekt vorgetragene Bitte um kompetente Unterstützung von oben verweigert. Und die Antwort kann eigentlich nur lauten: „Bewerten Sie, wie Sie es für richtig halten."

Es ist abzusehen, dass die Inklusion die Grundschule vor enorme Schwierigkeiten stellt, indem zu den bereits unterschiedlichen Schülern nun noch eine deutlich andere Gruppe hinzukommt, die ebenfalls beschult werden soll. Natürlich ist die Idee des gemeinsamen Lernens („no child left behind") so ehrenwert, dass kaum jemand es wagen wird, dagegen etwas einzuwenden. Die Frage ist nur, wer letztlich den Preis dafür zahlen muss.

Die Kultusministerien haben die Vorgabe der UN übernommen und die Schulen müssen sie umsetzen. Es ist genau wie bei der Einführung der Sprachlabore oder der Mengenlehre in der Mathematik. Auch hier gab es pädagogische Theorien, die Wunder versprachen – bis sie einige Jahre später wieder sang- und klanglos in der Versenkung verschwanden.

Juristisch spannend wird es allerdings, sobald irgendwann Eltern von nicht behinderten Kindern geltend machen, diese würden vernachlässigt, weil die Lehrkräfte sich fast ausschließlich um die Inklusionsschüler kümmern. Aber so weit sind wir noch nicht. Für die juristisch Interessierten sei darauf hingewiesen, dass es einmal (in NRW) den Versuch gab, flächendeckend die Gesamtschule einzuführen. Auch hiergegen gab es Elternproteste und mehrere Gerichte haben daraufhin entschieden, es sei unzulässig, zwangsweise alle Schüler gleich zu beschulen.

Da viele Kultusministerien wissen, wie pädagogisch fragwürdig die gut gemeinte Inklusion ist, wird an etlichen Schulen von den Eltern nicht behinderter Schüler bei der Einschulung verlangt, eine Erklärung zu unterschreiben, in der sie bestätigen, mit der Unterrichtung von behinderten Kindern in der Klasse ihres Kindes einverstanden zu sein. Auf diese Weise möchte man eine Freiwilligkeit nach außen dokumentieren, die vielleicht gar nicht so groß ist. Denn welche aufgeklärten Eltern können schon gegen die Inklusion von behinderten Kindern sein? Wer nicht als behindertenfeindlich abgestempelt werden möchte, der unterschreibt erst einmal.

Spannend wird es wieder, wenn Eltern, die anfangs zugestimmt haben, ihre Meinung später ändern. Denn auch das ist natürlich ihr gutes Recht. Kritisch wird es auch dann, falls so wenige Eltern zustimmen, dass eine Klassenbildung schwierig bis fast unmöglich wird.

b. Nachteilsausgleich

Im Gegensatz zu anderen Schulformen zeichnet sich die Grundschule selbst ohne Inklusion dadurch aus, dass in ihr schon immer grundsätzlich alle Kinder gemeinsam beschult wurden. Dadurch hat man auch Schüler in der Klasse, die Legastheniker sind oder unter Dyskalkulie leiden und somit nicht in gleichem Maße bewertet werden können wie ihre Mitschüler.

An dieser Stelle kann ich mir eine kleine kritische Bemerkung nicht verkneifen. Es ist schon erstaunlich, bei wie vielen Schülern, die Schwierigkeiten mit der Rechtschreibung oder beim Rechnen haben, Legasthenie oder Dyskalkulie geltend gemacht werden.

Der Anteil von Menschen mit Legasthenie oder Dyskalkulie in der Bevölkerung beträgt statistisch etwa 5 Prozent.

Bei einer Klasse von 25 Schülern entsprächen deshalb jeweils nur ein bis zwei Schüler dem statistischen Durchschnitt. Man kann sich daher des Verdachts nicht erwehren, dass einige Eltern ihren Kindern eine höherwertige Empfehlung verschaffen wollen, indem sie behaupten, eine dieser beiden Krankheiten würde vorliegen. Und so lautet die elterliche Schnelldiagnose oft: „Legasthenie, Dyskalkulie, ADHS, – aber hochbegabt.“

Erleichtert wird dieses Vorgehen der Eltern dadurch, weil manche Bundesländer kein fachärztliches Attest oder die Ableistung bestimmter Tests über diese Krankheiten fordern. Meist reicht eine Bescheinigung des Hausarztes. In einigen Fällen ist aber nicht einmal die erforderlich, sondern es genügt die schriftliche Mitteilung der Eltern. Als Folge davon muss die Schule prüfen, ob ein Nachteilsausgleich zu gewähren ist.

Die Grundentscheidung fällt die Konferenz

Er wird von den Eltern oder einer Lehrkraft, die diese spezifischen Defizite festgestellt hat, beantragt. Die grundsätzliche Entscheidung darüber, **ob** ein Nachteilsausgleich durchgeführt wird, fällt in der Regel die zuständige Konferenz. Die Frage jedoch, wie und in welchem Umfang der Nachteilsausgleich anzuwenden ist, liegt jedoch im Ermessen der unterrichtenden Lehrkraft.

Um ein einigermaßen einheitliches Vorgehen an einer Schule sicherzustellen, ist es sinnvoll, eine Lehrkraft zu bestimmen, die sich in die Erkennung von Legasthenie einarbeitet und vielleicht eine andere, die sich intensiv mit Dyskalkulie beschäftigt, um dann in der Konferenz eine entsprechend qualifizierte Stellungnahme für oder gegen einen Nachteilsausgleich abzugeben. Eine grobe Aufzählung der wichtigsten Merkmale zur Erkennung von Legasthenie und Dyskalkulie finden Sie im Anhang unter den Punkten 4a und 4b.

Falls die schulischen Maßnahmen zur Beseitigung der Defizite nicht ausreichen, kann über das Sozialgesetzbuch (VIII. Buch, Kinder- und Jugendhilfegesetz, § 35) beim Jugendamt eine außerschulische Therapie beantragt und genehmigt werden. Es ist gut, dies als Lehrkraft zu wissen, um die Eltern dahingehend zu beraten.

Die Unsicherheit, wie denn beim Nachteilsausgleich zu bewerten sei, führt bei den Kolleginnen manchmal zu Unzufriedenheit. Ich finde aber den Ermessensspielraum, den man den Lehrkräften hierdurch zubilligt, gar nicht schlecht. Er ermöglicht ihnen nämlich, flexibel auf unterschiedliche Einzelfälle zu reagieren. Gerade bei Legasthenie und Dyskalkulie ist es quasi unmöglich, ein festes Bewertungsraster aufzustellen, das jede Klassenarbeit sinnvoll erfasst. Das kann nur die einzelne Lehrkraft. Sie kann den Schüler und die Schwere seines Nachteils am besten einschätzen und sachgerecht darüber entscheiden, wie dieser Aspekt zu berücksichtigen ist. Fassen Sie deshalb diesen Spielraum weniger als Lücke auf, deren Regelung man vergessen hat, sondern als Vertrauensbeweis Ihnen gegenüber.

c. Förderunterricht

Viele Erlasse sehen für bestimmte Schülergruppen schulischen Förderunterricht vor. Das kann Unterricht für Schüler mit Lese-Rechtschreibschwäche (Legasthenie), Rechenschwäche (Dyskalkulie) oder eine Sprachförderung für NdH-Schüler (nicht deutscher Herkunft) sein. Die Formulierung in den Erlassen ist meist so gewählt („... soll erteilt werden"), wobei nicht klar wird, ob die Schüler letztlich darauf einen (einklagbaren) Rechtsanspruch haben oder nicht. Diese unbestimmte Formulierung ist natürlich kein Versehen, sondern bewusst so gewählt, um sich alle Möglichkeiten offen zu halten.

Denn selbst wenn in einigen Schulgesetzen steht: „Die Schüler haben ein Recht auf Bildung", so folgt daraus kein einklagbarer Rechtsanspruch auf ungekürzten Unterricht. Vielmehr handelt es sich bei solchen oder ähnlichen Formulierungen um eine juristische **Zielnorm.** Sie bietet keine Grundlage für rechtliche Ansprüche gegen die Schule, sondern legt nur das Ziel fest, auf das schulische Maßnahmen auszurichten sind.

Fördermaßnahmen, wenn die Mittel dafür da sind

Zudem stehen sämtliche schulische Maßnahmen unter dem Vorbehalt der Finanzierbarkeit. Das steht zwar nirgendwo im Schulgesetz, ist aber trotzdem unbestritten und gilt für alle staatlichen Absichtserklärungen. Damit wieder zurück zum Förderunterricht: Es ist das erklärte Ziel der Kultusministerien, Schüler mit Defiziten zu fördern, wann immer dies machbar ist. Sollten allerdings personelle oder finanzielle Engpässe die Umsetzung verhindern, so müssen alle Beteiligten (hoffentlich vorübergehend) mit dieser Situation leben.

3. Weihnachten: Spielfilme und Gottesdienst

Das Schuljahr schreitet voran und Weihnachten steht vor der Tür. Damit ergeben sich manchmal zwei juristische Schwierigkeiten, die im Folgenden geklärt werden. Als Erstes möchte unsere Kollegin Anna Nass den Kindern in der Vorweihnachtszeit einen Zeichentrickfilm zeigen, den sie eigens zu diesem Zweck erworben hat. Allerdings ist sie sich nicht sicher, ob sie das auch darf oder ob sie damit gegen das Urheberrecht verstößt.

Schließlich steht im Vorspann dieser DVD ausdrücklich, der Einsatz in Schulen sei verboten. Das verunsichert sie sehr, und so hat sie während der Vorführung ein derart schlechtes Gewissen, dass sie das vorweihnachtliche Knabbergebäck gar nicht recht genießen kann.

Dabei ist die Lösung einfach und klar: Regulär gekaufte Spielfilme dürfen im festen Klassenverband – und der liegt bei einer Grundschulklasse vor – gezeigt werden, ohne dass dabei gegen das **Urheberrecht** verstoßen wird.

Da diese Aussage Sie vielleicht überrascht, will ich sie begründen: Wenn Sie sich einen Spielfilm auf einer DVD kaufen, so können Sie ihn doch im Familien- oder Freundeskreis problemlos gemeinsam anschauen, ohne gegen das Urheberrecht zu verstoßen. Das liegt daran, weil es sich um Personenkreise handelt, die vom Urheberrecht privilegiert werden.

Gleiches gilt für den festen Klassenverband. Auch er wird wie ein Freundeskreis gesehen, da die Klasse etwa 20 Stunden in der Woche gemeinsam verbringt. Die Privilegierung des festen Klassenverbands wie ein fester Freundeskreis gilt selbst dann, wenn Sie einen Film aus einer Videothek mieten und vorführen.

Und wieso taucht dann im Vorspann die Warnung auf, man dürfe den Film nicht in Schulen zeigen? Ganz einfach. Zum einen gilt nicht alles, was irgendwo geschrieben steht. Denken Sie nur an das Baustellenschild „Eltern haften für ihre Kinder". Der Hinweis ist juristisch falsch, erfüllt aber trotzdem seinen geplanten Zweck, nämlich abzuschrecken. Ähnlich ist es mit dem Hinweis, man dürfe diese DVD nicht **in Schulen** zeigen.

Anders als beim Baustellenschild ist an diesem Hinweis etwas dran, aber nur sehr wenig. Tatsächlich dürfen Sie die gekaufte DVD nicht **in der gesamten Schule** zeigen. Sie dürfen sie auch nicht in **gemischten** Klassen bzw. Gruppen einsetzen, die nur wenige Stunden zusammen sind. Das – und nicht mehr – meint der Hinweis. Aber warum sollte der Produzent einer DVD dies so genau aufschlüsseln? Von der Unsicherheit, ob das Vorführen legal ist, profitiert er viel mehr.

Schauen Sie beim Bundesjustizministerium

Falls Sie mir nicht glauben, weil Sie anders lautende Gerüchte gehört haben, empfehle ich Ihnen, folgendem Internetpfad zu folgen: BMJ → Urheberrecht → FAQ → Themenkomplex Kopien → mehr. Dort finden Sie, von den Spezialisten für Urheberrecht des Bundesjustizministeriums verfasst, genau das, was ich Ihnen eben erklärt habe. Drucken Sie es sich aus und nehmen Sie es als Absicherung zu Ihren Akten.

Damit haben wir das erste Problem gelöst und können uns dem zweiten widmen, dem Besuch des **Weihnachtsgottesdienstes.** Noch vor Jahrzehnten war ein solcher Besuch völlig unproblematisch. Alle gingen in die Kirche, ohne Rücksicht darauf, ob sie einem anderen oder gar keinem Glauben angehörten. Das hat sich deutlich geändert, nicht zuletzt durch das berühmte Kruzifix-Urteil des BVerfG.

Worum ging es dabei? In Bayern war es lange üblich, in allen öffentlichen Gebäuden ein christliches Kreuz an die Wand zu hängen, also auch in Schulen. Andersgläubigen Schülern und Lehrern empfahl man, dieses Kreuz einfach nicht anzuschauen, falls es sie stören sollte. Irgendwann jedoch war der Punkt erreicht, an dem sich ein atheistischer Schüler bzw. dessen Eltern nicht mehr damit abfinden wollten und die Entfernung des Kreuzes aus dem Klassenraum forderten.

Die Entscheidung des BVerfG kennen Sie vermutlich: Das Kreuz musste abgenommen werden. Interessant ist die Begründung. Das Gericht stellte fest, dass es nicht nur eine positive **Religionsfreiheit** gibt, die es ermöglicht, den Glauben auszuüben, dem man angehört. Daneben gibt es auch eine **negative Religionsfreiheit,** die darin besteht, von religiösen Einflüssen, die man nicht schätzt, verschont zu werden. Und damit sind wir wieder beim Weihnachtsgottesdienst.

Negative Religionsfreiheit

Es ist nicht zulässig, atheistische oder andersgläubige Schüler zum Besuch eines Weihnachtsgottesdienstes zu verpflichten. Gleiches gilt natürlich für Lehrkräfte. Diese können zwar grundsätzlich verpflichtet werden, verschiedene Unterrichtsfächer zu unterrichten oder zu betreuen, nicht aber den Religionsunterricht.

Da die Weigerung, am Weihnachtsgottesdienst teilzunehmen, mit organisatorischen Schwierigkeiten verbunden ist, versuchen manche Schulleitungen eine Umgehung. Sie argumentieren, der Weihnachtsgottesdienst sei ökumenisch oder gar nicht religiös ausgerichtet, also nur eine Weihnachtsfeier. Das erste Argument (Ökumene) greift nicht, weil niemand zur Ökumene gezwungen werden kann, schon gar nicht atheistische Schüler, die jegliche Religion ablehnen.

Eine Weihnachtsfeier, die gar nichts Religiöses enthält, wäre als verpflichtende Veranstaltung möglich – aber nur, wenn sie z. B. in der Turnhalle oder Aula und nicht in einer Kirche stattfindet.

Was Sie unbedingt beachten müssen: Da Grundschüler noch nicht religionsmündig sind, können sie die Entscheidung über eine Teilnahme noch nicht alleine fällen, sondern nur ihre Eltern. Diese müssen folglich von dem bevorstehenden Besuch des Weihnachtsgottesdienstes informiert werden und die Möglichkeit bekommen, ihr Kind davon zu befreien.

4. Schulpflicht und Schulversäumnis

Mit der Einschulung beginnt die Schulpflicht der Kinder. Sie wird vom Gesetzgeber für so wichtig gehalten, dass sie gesetzlich verankert ist. Dabei umfasst die Schulpflicht nicht nur den regelmäßigen Besuch der Schule, sondern auch alle damit verbundenen Verhaltenspflichten wie das Mitbringen von Arbeitsmaterialien, das Anfertigen von Hausaufgaben oder die Mitarbeit im Unterricht.

Leider wird die Schulpflicht von einigen Eltern nicht als Pflicht wahrgenommen, sondern eher als Vorschlag, dem man folgen kann, wenn man möchte, dem man aber nicht zu folgen braucht, wenn es aus irgendwelchen Gründen nicht passt. Ein weiteres großes Missverständnis besteht darin, zu meinen, es sei die Aufgabe der Schule, die Schüler zum Schulbesuch anzuhalten. Auch das ist falsch. Vielmehr ist es die Aufgabe der Eltern, ihre Kinder zur Schule zu schicken, damit diese ihrer Schulpflicht nachkommen.

Die Schule übt lediglich eine (wichtige) Kontrollfunktion aus, die sie verpflichtet, Schulversäumnisse festzustellen, zu dokumentieren und dafür zu sorgen, dass **die Eltern** den Bildungsauftrag unterstützen. Allerdings gibt es immer wieder Eltern, die versuchen, die Verantwortung für Schulversäumnisse auf die Schule bzw. deren Lehrkräfte abzuschieben. Da wird argumentiert, der Unterricht sei nicht attraktiv genug, die letzten Tage vor den Ferien seien überflüssig, da sowieso kaum noch gearbeitet werde, oder Ähnliches.

Der Grund für diese Argumentation ist durchsichtig: Es soll vom eigenen Versagen abgelenkt und der Schule die Schuld gegeben werden. Dabei ist die Schulpflicht nicht davon abhängig, wie interessant oder spannend der Unterricht ist, sondern sie gilt ganz allgemein, sogar an den letzten Tagen vor den Ferien oder vor oder nach einem verlängerten Wochenende.

Die Forderung nach einem Attest geschieht aus Fürsorge

Die Eltern haben ein Fehlen ihrer Kinder der Schule unverzüglich anzuzeigen, in der Regel spätestens am dritten Tag. Fehlt ein Schüler länger als drei Tage, ist in einigen Bundesländern ein ärztliches **Attest** vorzulegen. Für diese Regelung spricht nicht nur die Absicht, das „Schwänzen“ einzudämmen. Auch unter dem Aspekt der **Fürsorge** ist dies sinnvoll. Denn wenn ein Kind länger krank ist, sollte regelmäßig ein Arzt konsultiert werden.

Manchmal gibt es Schwierigkeiten mit der Dreitagesfrist für die Vorlage von Entschuldigungen bzw. Attesten. Einige Kolleginnen oder Schulen akzeptieren Entschuldigungen oder Atteste bereits nicht mehr, wenn sie am vierten Tag vorgelegt werden, andere akzeptieren sie auch noch Monate später. Was ist richtig?

Die gängige Dreitagesfrist ist juristisch eine sogenannte **„Ordnungsfrist“**, die nicht auf die Minute genau zu nehmen ist und somit nicht am dritten Tag um 24 Uhr endet. Sie soll lediglich einen zeitlichen Rahmen angeben, der geringfügig überschritten werden kann. Das bedeutet: Selbst ein Entschuldigungsschreiben oder ein Attest, das am vierten oder unter bestimmten Umständen sogar erst am fünften Tag bei der Schule eingeht, muss noch akzeptiert werden. Jedoch braucht die Schule eine Entschuldigung, die erst Wochen oder Monate später vorgelegt wird, nicht mehr anzunehmen.

Wie muss nun die Entschuldigung erfolgen? Auch hierfür gibt es keine festen Vorschriften. Für eine Entschuldigung reicht ein morgendlicher Anruf im Sekretariat, ein Schreiben im Briefkasten oder ein Fax. Auch muss die Entschuldigung nicht der Klassenlehrerin vorgelegt werden, sondern es reicht, wenn sie im „Geschäftsbereich der Schule“ eingeht, das heißt im Sekretariat.

Hingegen ist das ärztliche Attest einer Krankschreibung an die schriftliche Form gebunden. Wann nun ist ein ärztliches **Attest** notwendig bzw. wann kann es von der Schule gefordert werden? Zwingend notwendig ist es bei längerer Krankheit, um sicherzustellen, dass die Eltern nicht ihr Kind von der Schule fernhalten, sondern es wirklich krank ist.

Es liegt im Ermessen der Schule, auch bei kürzeren Fehlzeiten ein Attest zu verlangen, falls konkrete Anhaltspunkte für ein gezieltes Fehlen, z. B. bei Klassenarbeiten vorliegen. Gleiches gilt, wenn Schüler immer montags fehlen. Da das Ausstellen von Attesten heute manchmal kostenpflichtig ist, kann ein kostenpflichtiges Attest gegen den Widerstand der Eltern nicht durchgesetzt werden. Möglich ist es aber, eine (kostenlose) **Bescheinigung über den Arztbesuch** zu verlangen.

Da wir unter uns sind, können wir ja ganz offen miteinander reden: Es gibt Ärzte, die Schülern, ohne zu zögern, Gefälligkeitsatteste ausstellen. Das haben auch Gerichte festgestellt und daraufhin festgelegt, dass Atteste **unverzüglich** vorgelegt werden müssen. Denn nur so hat die Schule die Möglichkeit, gegebenenfalls durch einen Amtsarzt überprüfen zu lassen, ob das Kind tatsächlich krank ist oder die Krankheit nur vorgeschoben wird. Sollte also trotz ärztlicher Atteste des Hausarztes der Verdacht bestehen bleiben, dass gezielt geschwänzt wird, besteht die Möglichkeit, den **Amtsarzt** einzuschalten und um eine unabhängige ärztliche Untersuchung zu bitten.

Notfalls Überprüfung durch den Amtsarzt

Bei gezieltem Schulversäumnis ist zu unterscheiden, ob Eltern ihren Kindern fadenscheinige Entschuldigungen schreiben, um einmal ein langes Wochenende weiter zu verlängern oder etwas früher (und somit billiger) in den sonnigen Süden zu fliegen oder ob die Kinder der Schule systematisch entzogen werden.

Natürlich ist auch die erste Variante nicht in Ordnung, und eine Schule, die der Befreiung von Schülern zustimmt, damit sie preiswerter in den Urlaub kommen, bescheinigt sich selbst ihre Unwichtigkeit. Solche Eltern akzeptieren aber zumindest prinzipiell den Wert des Schulbesuches, selbst wenn sie im Einzelfall andere Ereignisse für noch wichtiger halten.

Daneben gibt es leider Eltern, die den Wert des Schulbesuchs grundsätzlich nicht einsehen. Sie halten ihn für ein notwendiges Übel und eigentlich für überflüssig. Oft ziehen sie ihre Kinder zu Hilfsarbeiten im Haushalt, im Geschäft oder in der Landwirtschaft heran, weil sie auf deren Arbeitskraft nicht verzichten wollen und diese Unterstützung zudem für wichtiger halten als den Schulbesuch.

Sobald sich ein solcher Verdacht ergibt, sollte die Schule unverzüglich handeln. Es ist zwar nett gemeint, aber ziemlich naiv, anzunehmen, man könne solche Eltern über Gespräche vom Wert der Schule überzeugen. Vielmehr sind diese Eltern ausgesprochen geschickt darin, die gewünschte Einsicht vorzutäuschen, um dadurch Zeit zu gewinnen und ihr Verhalten unverändert fortzusetzen. Falls also nach **einem** ernsthaften Gespräch das Kind wieder fehlt, sollte die Schraube angezogen werden.

Es ist wie bei einem Auto, das an einem Hang steht und sich allmählich bergab in Bewegung setzt. Wer diese Situation erfasst, wird zum Wagen eilen und ihn anhalten, bevor dieser Fahrt aufgenommen hat und nicht mehr zu stoppen ist. Ganz ähnlich ist es beim Fehlverhalten von Schülern und Eltern.

Kein ständiges Ermahnen

Man gewinnt in der Regel nichts durch ständiges Ermahnen und Abwarten. Im Gegenteil: Diese „weiche" Reaktion wird von den Betreffenden nicht als Korrektiv verstanden, weil verbale Vorhaltungen sie überhaupt nicht beeindrucken. Da keine echte Maßnahme erfolgt, werden sie bestärkt, ihr Verhalten weiter fortzusetzen. Denn warum sollten sie ihr Verhalten ändern, wenn es (aus ihrer Sicht) keinen überzeugenden Grund dafür gibt?

Aber die Jugendämter und Gerichte legen mittlerweile eine härtere Gangart vor. Vielleicht haben Sie von der Mutter gehört, die ihr Kind trotz mehrfacher Ermahnungen über Jahre hinweg der Schule entzogen hatte, bis man sie für einige Monate tatsächlich (keine Bewährungsstrafe!) ins Gefängnis gesteckt hat. Das wäre vor einigen Jahren noch undenkbar gewesen.

So weit wie in diesem Extremfall sollte es aber gar nicht erst kommen. Dafür aber muss die Schule deutlich machen: Der Schulbesuch ist eine **gesetzliche Pflicht.** Und wer als Erwachsener dagegen verstößt, indem er sein Kind der Schule fernhält, muss mit einem Bußgeld rechnen. Zeigt auch dies keine Wirkung, so können die Eltern vom Jugendamt zwangsweise „betreut" werden. In solchen Fällen wird das Kind notfalls morgens durch die Polizei abgeholt und der Schule zugeführt. Im schlimmsten Fall wird den Eltern ihr Erziehungsrecht durch ein Gericht entzogen. Mehr hierzu im nächsten Kapitel unter b.

5. Kinderschutz in der Schule

a. Gesundheitssorge

Jedes Buch muss Schwerpunkte setzen. Man könnte sich natürlich ausführlich mit den curricularen Vorgaben der Grundschule auseinandersetzen, die juristische Verbindlichkeit darlegen und zeigen, was passiert, falls eine Lehrkraft davon abweicht. Aber ich finde, es gibt weitaus Wichtigeres, nämlich die Gesundheit der Kinder. Dies vor allem deshalb, weil in einigen Bundesländern (nicht in Bayern oder Sachsen) die ärztliche Untersuchung vor dem Schuleintritt abgeschafft wurde.

Und auch die sonst früher üblichen Besuche des Schularztes, der alle 2 Jahre in die Schulen kam, gibt es in manchen Bundesländern nicht mehr. Zwar gibt es die U1- bis U9-Untersuchungen, die mit Kindern bis zum Schuleintritt durchgeführt werden sollen, aber sie sind keine Pflicht. Man glaubt einfach, alle Eltern würden sich ordentlich um ihre Kinder kümmern.

Die Schule hat ein „Wächteramt“

Das ist, wie Grundschullehrerinnen aus eigener Erfahrung wissen, leider nicht so. Darum hat die Schule, wie die Juristen sagen, ein „Wächteramt“, das darin besteht, über die Gesundheit der ihr anvertrauten Schüler zu wachen. Als Folge davon müssen die Kolleginnen – als medizinische Laien – im Einzelfall die schwierige Entscheidung treffen, ob eine Gesundheitsgefährdung bei einem Schüler vorliegt.

Darüber hinaus fordert die Informationspflicht der Schule, Eltern über drohende gesundheitliche Gefahren ihres Kindes zu informieren. Dazu gehören ansteckende Krankheiten wie Masern, Mumps, Scharlach, Windpocken, um nur einige zu nennen. Sie und alle anderen sind in den jeweiligen Erlassen der Bundesländer aufgezählt und müssen nicht nur den Eltern, sondern auch dem Gesundheitsamt gemeldet werden. Das ist die Pflicht.

Die „Kür“ kann darin bestehen, Eltern auch dann zu informieren, sobald Krankheiten wie Magen-Darm-Infektionen oder grippale Infekte grassieren, auch wenn diese nicht meldepflichtig sind. Durch solche Informationen kommen die Lehrkräfte bzw. die Schulen ihrer Fürsorgepflicht nach, indem sie Eltern über etwas informieren, was diese nicht unbedingt wissen können. Nun liegt es bei den Eltern, ob sie ihr Kind weiter zur Schule schicken oder vorsichtshalber zu Hause behalten.

Da Grundschüler ein schwächeres Immunsystem haben, sind die Anforderungen an Hygiene und Desinfektion deutlich höher als an weiterführenden Schulen. Dabei ist es aber nicht die Aufgabe der einzelnen Kollegin, wirkungsvolle Maßnahmen zu ergreifen, die über den eigenen Klassenraum hinausgehen. Ihre Pflicht besteht lediglich darin, auf gesundheitliche Risiken hinzuweisen, sobald diese erkannt werden.

In der Verantwortung der **Schulleitung** liegt die Organisation von Reinigungsplänen und Kontrollen, die für ein Höchstmaß an Hygiene und ein Minimum an Ansteckungsgefahr sorgen. Versäumt es die Schulleitung, die entsprechenden Maßnahmen in die Wege zu leiten, so sprechen Juristen von einem **Organisationsverschulden.**

Selbst in sauberen Schulen und ohne Verwahrlosung der Kinder im Elternhaus können Flöhe und **Läuse** auftreten. Fangen wir mit den harmloseren Flöhen an. Früher waren sie ein echtes Problem, weil sie gefährliche Krankheiten (Pest) übertrugen, heute stellen sie im Prinzip keine Gefahr mehr dar und sind deshalb auch nicht meldepflichtig. An Menschen sind sie so selten zu finden, dass sie schon fast vom Aussterben bedroht sind. Allerdings sitzen sie auf Katzen und Hunden und können von dort auf den Menschen überspringen. Sie sind braun, etwa zwei bis vier Millimeter groß, seitlich abgeflacht, also deutlich höher als breit. Ihre (stark juckenden) Stiche kann man an der sogenannten „Flohleiter" erkennen. Das sind mehrere Stiche in einer Reihe, die dadurch zustande kommen, dass der Floh als vorsichtiges Wesen erst einige lockere Probestiche macht, bevor er dann so richtig zusticht.

Flöhe sind nur unangenehm,
Läuse sind gefährlich und meldepflichtig.

Deutlich gefährlicher sind **Läuse,** die darum auch meldepflichtig sind. Sie tauchen vermehrt nach den Ferien auf, in denen viele Menschen eng zusammen sind, wodurch Übertragungen erleichtert werden. Auch Läuse sind etwa zwei bis vier Millimeter groß, aber eher durchsichtig bzw. leicht gräulich-silbern und haben lange Fühler. Sie springen nicht, sondern krabbeln und halten sich, wenn sie Menschen befallen, bevorzugt auf dem Kopf auf (Kopfläuse). Dort findet man nicht nur durchschnittlich 10 Läuse, sondern auch die abgelegten Eier („Nissen"), die ebenfalls entfernt (Läusekamm und Puder) werden müssen.

Nach dem **Infektionsschutzgesetz** (§§ 33 und 34) müssen Eltern, falls sie bei ihren Kindern Läuse feststellen, dies unverzüglich der Schule mitteilen. Die Schule meldet den Fall (namentlich!) an das zuständige Gesundheitsamt. Das gilt auch für den Fall, in dem die Eltern nichts bemerken, wohl aber die Lehrerin. Bei festgestelltem Lausbefall kann das Kind für den Rest des Tages in der Schule bleiben, **sofern es keine andere Möglichkeit der Betreuung gibt.** In jedem Fall ist der Schüler aber von anderen zu trennen, damit eine Übertragung ausgeschlossen ist.

Die Behandlung bei Lausbefall mit einem Medikament ist unkompliziert und in der Regel erfolgreich. Allerdings müssen ebenfalls die in den Haaren abgelegten Eier (mit einem „Nissen-Kamm") entfernt werden, um zu verhindern, dass nach Anwendung des Medikaments ein erneuter Lausbefall auftritt. Richtlinien für Schulen beim Umgang mit Läusen gibt es nicht nur über die Erlasse, sondern daneben beim zuständigen Gesundheitsamt oder beim Robert-Koch-Institut.

Während des Lausbefalls und der Behandlung darf das betroffene Kind die Schule (und andere Gemeinschaftseinrichtungen) nicht besuchen. Nach dem Verschwinden der Läuse muss eigentlich ein Arzt die Unbedenklichkeit bescheinigen, manchmal genügt aber schon eine Mitteilung der Eltern. Die Regelung dazu ist in den einzelnen Bundesländern unterschiedlich. Manchmal entscheidet das Gesundheitsamt darüber, ob eine Bestätigung der Eltern reicht oder ob ein ärztliches Attest vorliegen muss.

b. Verwahrlosung

Überlegen Sie sich gut, ob Sie weiterlesen wollen. Denn nun wird es eine Stufe härter, es geht um Verwahrlosung – und später wird es noch unangenehmer. Die einfache Variante bei diesem Themenkomplex hieß bislang leider manchmal: Nichts sehen, nichts hören, nichts sagen. Diese bequeme Einstellung funktioniert aber jetzt nicht mehr.

Jetzt Meldepflicht der Lehrkräfte

Denn seit Januar 2012 gilt ein neues Gesetz (Kooperation und Information im Kinderschutz, KKG). Es **verpflichtet die einzelne Lehrkraft,** den Verdacht einer Gefährdung des Kindeswohles zu melden. Keine ganz leichte Aufgabe. Denn die Lehrerin muss – in der Regel ohne entsprechende Ausbildung – jetzt entscheiden, ob ein Verdacht begründet ist. Versuchen wir, diese schwierige und verantwortungsvolle Aufgabe einigermaßen lösbar zu machen.

Während emotionale Verwahrlosung sogar in wohlhabenden Elternhäusern anzutreffen ist, findet man die körperliche meist bei finanziell schwachen Familien, vor allem bei Alleinerziehenden, die sich in finanzieller Not befinden.

Die Verwahrlosung wird zwar gesetzlich deutlich milder als **Verletzung der Fürsorgepflicht** (§ 171 StGB) bezeichnet. Sie ist allerdings nicht nur für Eltern strafbar (Verstoß gegen Art. 6 GG und § 1626 BGB), sondern auch für Lehrkräfte, falls sie die Verwahrlosung eines Schülers bemerken – und nichts unternehmen. Um als Lehrkraft „auf der sicheren Seite" zu sein, müssen die eingeleiteten Schritte nicht unbedingt erfolgreich sein. Es reicht, überhaupt etwas zu unternehmen.

Der erste und einfachste Schritt besteht somit darin, die Schulleitung zu informieren. Damit haben Sie Ihre Meldepflicht erfüllt.

Denken Sie daran:
Melden macht frei!

Sichern Sie sich ab

Falls Sie den Verdacht haben, Ihre Schulleitung würde solche Meldungen aus Bequemlichkeit (oder anderen Gründen) ignorieren, sollten Sie sich absichern. Eine Möglichkeit besteht darin, eine entsprechende E-Mail an die Schulleitung zu schreiben, die Sie sich ausdrucken. Nun brauchen Sie als zusätzliche Absicherung noch einen „Screenshot" (bei Windows: Strg + Druck (rechts oben)) Ihrer Liste der **gesendeten** Mails. Hierdurch wird der Bildschirminhalt in der Zwischenablage gespeichert.

Da bei den gesendeten Mails auch der Betreff erscheint, sollte er aussagekräftig sein, z. B.: „Verdacht auf Verwahrlosung von Kevin D." Jetzt wird es für die Schulleitung fast unmöglich, zu leugnen, Ihre E-Mail zu diesem Thema erhalten zu haben. Eine weitere Möglichkeit besteht darin, eine zweite Kollegin als Zeugin mitzunehmen, wenn Sie der Schulleitung Ihren Verdacht mitteilen. Notieren Sie für Ihre Unterlagen in jedem Fall das Datum (und die Uhrzeit) des Gesprächs.

Die (schwierig nachzuweisende) emotionale Verwahrlosung zeigt sich häufig dadurch, dass Schüler ungewöhnlich zutraulich sind und sofort körperliche Nähe suchen, indem sie sich z. B. gleich auf den Schoß der Lehrerin setzen oder sie unaufgefordert umarmen.

Körperliche Verwahrlosung geht häufig mit hohen Fehlzeiten einher, weshalb es wichtig ist, diese festzuhalten und über die Schulleitung frühzeitig darauf zu reagieren.

Nicht nur aktives Abhalten vom Schulbesuch, auch das passive Dulden des Schulschwänzens wird von Gerichten als Verletzung der Fürsorgepflicht (Verwahrlosung) eingestuft.

Vielen Erziehungsberechtigten ist nicht klar, dass man sich nicht nur durch ein Tun strafbar machen kann, sondern ebenso durch ein **Unterlassen.** Der Satz: „Ich hab' doch gar nichts gemacht!", mag zwar zutreffen, ist aber keine Entschuldigung, wenn die Eltern etwas hätten machen müssen.

Die gleich folgenden Merkmale sind typisch für körperliche Verwahrlosung, aber bitte nicht missverstehen: Es ist nicht so, dass beim Auftreten eines Merkmals schon sicher eine körperliche Verwahrlosung vorliegt. Vielleicht durchleben die Erziehungsberechtigten nur gerade eine besonders stressige Phase und haben wenig Zeit, sich um ihr Kind zu kümmern. Tritt das gleiche Merkmal jedoch wiederholt oder treten mehrere Merkmale auf, dann ist Wachsamkeit geboten, weil jetzt eine grobe Pflichtverletzung vorliegen könnte. Und die kann strafbar sein, zumindest rechtfertigt sie die Kontaktaufnahme der Schule mit dem Jugendamt.

Lassen Sie es mich ganz konkret machen: Taucht ein Schüler einmal mit schmutzigen Fingernägeln oder ungekämmt auf, so will das noch nichts heißen. Stellen Sie dies allerdings wiederholt oder über einen längeren Zeitraum fest, ist es ein Indiz für eine Verwahrlosung.

Da wir gerade bei schmutzigen Fingernägeln sind: Wesentlich aufschlussreicher sind die Fußnägel bzw. der Zustand der Füße. Was meinen Sie, warum geschickte Drogenabhängige sich die Spritze zwischen die Zehen setzen? Dort schaut man nicht so genau hin. Ebenso denken Eltern, die ihre Kinder vernachlässigen. Wer schaut sich schon die Füße an? Wenn Sie eine mutige Lehrerin sind, lassen Sie die Schüler an einem warmen Tag doch einmal Schuhe und Strümpfe ausziehen und über eine Wiese gehen. Sie werden staunen, was Sie dort zu sehen bekommen! Nicht nur schmutzige Füße, sondern nicht geschnittene (bzw. eingewachsene) Fußnägel oder üppig wuchernden Fußpilz. Das ist die unangenehme Wahrheit.

Nun aber einige Merkmale für Verwahrlosung:

- **fehlendes Pausenbrot (Ich weiß, was Sie sagen wollen!)**
- **ungepflegte Kleidung**
- **strenger Körpergeruch**
- **fettige Haare**
- **blasse Hautfarbe**
- **schlechte Zähne**
- **keine wärmende Kleidung bei kaltem Wetter**
- **Betteln um (oder Stehlen von) Essen oder Geld**
- **schlechte Sehleistung, da keine Brille**

Der letzte Punkt muss allerdings relativiert werden, da vielen Eltern nicht klar ist, dass ihr Kind auf größere Entfernungen nicht scharf sieht, weil sich das Problem zu Hause nicht stellt. Die Entfernungen dort sind kürzer, und notfalls kann man dichter an die Dinge herangehen, um sie schärfer zu sehen. Sobald Ihre Schüler das Alphabet sicher beherrschen, sollten Sie daher mit Ihrer Klasse einmal einen Sehtest machen.

Nun aber zum oben erwähnten Pausenbrot: Sie wollten vermutlich entgegnen: „Wenn ich das als Kriterium für Verwahrlosung nehme, dann ist die Hälfte meiner Schüler verwahrlost.“ Richtig? Sicher ist das fehlende Pausenbrot allein noch keine Verwahrlosung, aber es ist ein Indiz für die Bequemlichkeit der Erziehungsberechtigten. Dadurch kann man morgens nämlich noch etwas länger im Bett bleiben – und die Kleinen können sich dann auf dem Weg zur Schule ja das kaufen, was sie mögen. Auf diese Weise hat man noch eine scheinbar kinderfreundliche Ausrede für die eigene

Bequemlichkeit. In härteren Fällen bekommt das Kind nicht einmal Geld mit, sondern muss halt andere fragen, ob sie ihm nicht etwas abgeben. Vielleicht teilt auch die Lehrerin ihr Pausenbrot mit Kevin oder kauft ihm etwas zu essen.

Da der gesamte Themenkomplex eine heikle Angelegenheit ist, muss man überlegen, wie man diskret an Informationen kommt. Eine gute Möglichkeit, die auch für die nächsten beiden Punkte gilt, ist das Malen von häuslichen Situationen. Der juristische Vorteil: Niemand kann Ihnen später vorwerfen, Sie hätten die Kinder ausgefragt. Lassen Sie die Schüler doch einfach einmal ihren Tagesbeginn oder den Tagesablauf malen. Wenn ein Frühstück fehlt, das Mittagessen aus einem Schokoriegel und das Abendessen aus Chips besteht, haben Sie bereits erste Hinweise.

Lassen Sie malen

c. Misshandlung

Obwohl Misshandlungen mit Verwahrlosung einhergehen können, werden sie hier aus systematischen Gründen getrennt behandelt. Im Regelfall geht die Verwahrlosung irgendwann in die **Misshandlung** (§ 225 StGB, Misshandlung von Schutzbefohlenen) über, wobei die Vernachlässigung (Abs. I) den Übergangsbereich darstellt. Eine strafbare Vernachlässigung liegt bereits dann vor, sobald ein Elternteil die Misshandlung durch den anderen geschehen lässt.

Das geschützte Rechtsgut der Kinder ist die körperliche (und psychische) Unversehrtheit durch Personen, von denen die Kinder abhängig und deshalb wehrlos ausgeliefert sind.

Lediglich eine **Gefährdung** der Gesundheit reicht zwar zum Einschalten des Jugendamtes aus, nicht aber für eine Strafbarkeit. Die wird erreicht, sobald eine – selbst nur vorübergehende – **Gesundheitsschädigung** vorliegt.

Körperliche Misshandlungen sind in allen sozialen Schichten zu finden, was ihre Entdeckung deutlich erschwert. Man kann sich als Lehrerin eben nicht vorstellen, dass ein Mann in gehobener Position, vielleicht sogar ein Arzt, sein Kind prügelt. Aber auch das gibt es. Leider sind gerade diese Personen äußerst geschickt darin, ihre Taten zu verschleiern oder zu rechtfertigen.

Ein weiteres Problem liegt darin, dass die misshandelten Kinder nur in den seltensten Fällen von sich aus Hilfe suchen. Zum einen erleben sie ihre häusliche Situation als „normal“, weil sie nichts anderes kennen. Zum anderen meinen sie, sei selbst seien schuld, weil die Misshandlungen durch die Eltern regelmäßig als „Strafen“ für irgendein vermeintliches Fehlverhalten begründet werden.

Kommen wir nun zu den Merkmalen:

- blaue Flecken an Rücken, Bauch, Oberarmen, Oberschenkeln
- Bissmarken an den Armen
- Verbrennungen der Handflächen (Herdplatte)
- deutlich gerötete unregelmäßige Flächen (Verbrühungen)
- kreisrunde Brandmale (Zigaretten)
- Verhaltensauffälligkeiten
- Kind will sich beim Sportunterricht nicht ausziehen
- trägt auch bei warmen Temperaturen verhüllende Kleidung
- Zurückzucken bei Annäherung durch Erwachsene
- Angst vor Berührungen („handscheu")

Ein weiteres Indiz kann es sein, wenn Schüler deutlich vor dem Unterricht in der Schule sind und länger bleiben wollen, z. B. um der Lehrerin zu helfen. Das kann echte Begeisterung für die Schule und die Klassenlehrerin sein, aber auch der verzweifelte Versuch, noch nicht nach Hause zu müssen, wo wieder Schläge warten.

Beim Verdacht auf körperliche Misshandlungen gilt es, geschickt vorzugehen, wenn man Erfolg haben will. Wer hier vorschnell den Eltern gegenüber seinen Verdacht äußert, riskiert harsche Kritik oder die Drohung mit einer Verleumdungsklage. Vor allem aber setzt er das Kind einer zusätzlichen Bestrafung aus, weil es nicht geschwiegen oder die Misshandlung nicht geschickt genug kaschiert hat.

Sie brauchen folglich eine Beweislage, die nicht so leicht zu erschüttern ist. Auch hier gilt das oben Gesagte: Ein blauer Fleck ist noch kein Beweis, sondern kann nur Anlass sein, genauer hinzuschauen und versteckt zu dokumentieren.

Keine überstürzten Reaktionen

Dabei sollten Sie unbedingt Ihren natürlichen Reflex unterdrücken, erstaunt oder gar entsetzt auf das zu reagieren, was sie sehen, insbesondere nicht vor den Mitschülern. Vielleicht ist das malträtierte Kind ja bereit, Ihnen unter vier Augen etwas anzuvertrauen, aber sicher nicht vor den Klassenkameraden.

Also sollten Sie (unbemerkt) mindestens zwei Beweise **sichern,** bevor Sie weitere Aktivitäten unternehmen. Anderenfalls riskieren Sie, nicht ernst genommen zu werden oder zu scheitern und dadurch das Kind in noch größere Schwierigkeiten zu bringen.

Wie können Sie nun Beweise sammeln, ohne dass die Eltern und vielleicht auch das Kind etwas davon mitbekommen? Das geht z. B. mithilfe einer Kollegin, die beim Sportunterricht „zufällig" in Ihre Klasse kommt und später als Augenzeugin fungieren kann.

Nach Möglichkeit Fotos

Die zweite (gerichtsfeste) Variante ist die Dokumentation durch ein Foto. Nur sehr selten willigen Kinder ein, ihre Misshandlungen von der Lehrerin fotografieren zu lassen. Wenn möglich, sollte man darum die Verletzungen in einem unverfänglich wirkenden Zusammenhang fotografieren. Bei Verletzungen im Gesicht oder an den Händen ist dies relativ leicht machbar. An Beinen oder Armen ist es schwieriger, aber nicht unmöglich. Es funktioniert am besten, indem man den besagten Schüler mit einem oder zwei anderen fotografiert, wie sie z. B. zusammen einen Ball so hochhalten, dass man die entblößten Arme sehen und fotografieren kann.

Auf diese Weise hat man auch für kritische Rückfragen der Eltern eine plausible Erklärung parat: Es ging ja nicht darum, das betreffende Kind zu fotografieren, sondern eine sportliche Situation festzuhalten. Zur rechtlichen Beurteilung, ob und mit welchen Konsequenzen der Datenschutz (das Recht am eigenen Bild) verletzt wird, sage ich gleich noch etwas.

Allerdings ist es nicht immer möglich, unverfänglich erscheinende Situationen zu konstruieren, in denen man die Verletzungen fotografieren kann. Schließlich achten geschickte Schläger darauf, vor allem solche Stellen zu malträtieren, die in der Regel bedeckt sind. Haben Sie z. B. beim Blick in die Umkleidekabine zufällig den blau geschlagenen Rücken entdeckt, bevor das Kind diese Stelle wieder verhüllt, müssen Sie es dazu bringen, das Hemd noch einmal zu heben. Dafür sollten Sie eine zweite (dem Kind vertraute) Person dazu holen, um die so gewonnenen Informationen abzusichern. Denn wie heißt es so schön:

„Aus zweier Zeugen Mund wird die Wahrheit sicher kund."

Ganz wichtig: Sie sollten zuerst die Verletzungen festhalten, bevor Sie in einem zweiten Schritt die kritische Frage stellen, wer dafür verantwortlich ist. Die typische Antwort: „Ich bin gefallen.", hören Sie sich an, ohne sie automatisch für die Wahrheit zu halten. Sagt jedoch der Schüler, **Mitschüler** hätten ihn verprügelt, um etwas von ihm zu erpressen, so müssen Sie Eltern und Schulleitung unverzüglich benachrichtigen. Denn auch diese Variante gibt es. Sie ist zwar deutlich seltener als die Misshandlung im Elternhaus, aber eben nicht auszuschließen und Sie dürfen sie nicht von vornherein als unglaubwürdig abtun.

Falls der seltene Fall eintritt, dass ein Kind Ihnen gegenüber zugibt, von einem Erziehungsberechtigten geschlagen worden zu sein, sollten Sie die Situation nutzen. Wer weiß, wann das Kind wieder bereit ist, offen über diese Dinge zu sprechen? Aber denken Sie daran, die Information über eine zweite Zeugin abzusichern. Fragen Sie das Kind, wen es als Zuhörer akzeptieren würde. Und dann sollten Sie das Kind erzählen lassen und nur wenig fragen. Bringen Sie es erst einmal zum Sprechen.

Es mag sich hart anhören, aber fragen Sie (jetzt) nicht, wann die Misshandlungen angefangen haben. Denn Verletzungen, die lange zurückliegen, sind kaum mehr nachweisbar und daher juristisch nicht sonderlich wertvoll. Besser sind Fragen nach Arztbesuchen oder Einlieferungen ins Krankenhaus aufgrund von Verletzungen, denn die sind dann dokumentiert und somit nachweisbar.

Schläger sind geschickt – seien Sie es auch

Leider muss man auch hier sagen: Da die Schläger das Risiko der Entdeckung fürchten, werden sie nur in den seltensten Fällen das Kind zum Arzt oder ins Krankenhaus bringen. Aber einen Versuch ist die Frage wert. Und wer bei längeren Schmerzen seines Kindes keinen Arzt hinzuzieht, der erfüllt den Straftatbestand des Quälens (auch § 225 I StGB). Die als Entschuldigung gemeinte Tatsache, die Misshandlungen des Kindes seien „nur“ unter Alkoholeinfluss geschehen („Mein Mann ist nur so, wenn er getrunken hat!“), ist juristisch völlig unerheblich.

Sind die Verletzungen so schwer oder die Male so eindeutig (Gürtelspuren auf dem Rücken), können Sie in Absprache mit der Schulleitung den Schüler natürlich sofort zum Arzt bringen. Dort werden die Verletzungen fachgerecht dokumentiert und analysiert, und das Jugendamt wird eingeschaltet. Damit ist der erste Schritt auf dem juristisch langen Weg gemacht, der mit Zwangsberatung und Kontrolle beginnt und mit dem Entzug der Sorgeberechtigung durch ein Familiengericht enden könnte.

Jetzt zum Fotografieren: Als durch den Datenschutz verunsicherte Lehrkraft denken Sie natürlich sofort an den Eingriff in das Persönlichkeitsrecht, wenn Sie ohne Einwilligung der Eltern ein Foto des misshandelten Schülers machen. Die Gesichter der ebenfalls anwesenden Schüler sollten sie nicht nur wegen des Datenschutzes unkenntlich machen, sondern auch aus Gründen des „Zeugenschutzes“, damit die rabiaten Eltern die ebenfalls fotografierten Mitschüler nicht unter Druck setzen können. Aber nun zum Fotografieren des verprügelten Schülers.

Sie alle kennen die Notwehr. Hierbei darf man Gewalt anwenden, also den Angreifer verletzen, um sich selbst – oder einen anderen – zu schützen. Die Juristen sprechen hier von **Rechtfertigungsgründen**. Das heißt im Klartext: Man darf etwas eigentlich Unerlaubtes (Gewalt anwenden) tun, wenn man dadurch abwenden kann, dass jemand ernsthaft verletzt wird.

Noch deutlicher ist die Rechtfertigung, wenn die beiden Rechtsgüter, das bedrohte und das verletzte, nicht auf einer Ebene liegen, sondern wenn das geschützte Rechtsgut (körperliche Unversehrtheit) **höher** steht als das verletzte (Datenschutz). Und damit sind wir beim § 34 StGB, dem rechtfertigenden **Notstand.** Er legitimiert nämlich, ein Rechtsgut zu verletzen, wenn man dadurch ein **höherwertiges** schützen kann.

Verstoß gegen den Datenschutz ist gerechtfertigt

Dafür muss eine Güterabwägung vorgenommen werden, die aber in unserem Fall nicht schwierig ist. Nicht nur der gesunde Menschenverstand, sondern auch der § 34 selbst zählt die geschützten Rechtsgüter nach ihrer Rangfolge auf. Ganz vorne steht, wie nicht anders zu erwarten, das Recht auf Leben und auf körperliche Unversehrtheit. Und erst deutlich weiter hinten („anderes Rechtsgut") wird der Datenschutz angesiedelt.

Die Güterabwägung fordert auch, dass kein weniger einschneidendes Mittel (das aber geeignet sein muss!) zur Gefahrenabwehr verfügbar ist. Das ist hier der Fall: Das Foto ist nur ein geringer Eingriff, da es nicht veröffentlicht wird, sondern lediglich der internen Beweissicherung dient. Falls Sie beim neugierigen Blick in den § 34 StGB vielleicht über den Begriff der „gegenwärtigen" Gefahr gestolpert sind, kann ich Sie beruhigen: Als „gegenwärtig" wird auch eine Dauergefahr eingestuft (Fischer: StGB-Komm., § 34, Rdnr. 4).

Aber machen wir es nicht zu juristisch, sondern bleiben praxisnah: Ja, natürlich hätten Sie in einem solchen Fall einen (geringen) Verstoß gegen das Recht am eigenen Bild begangen, aber das Verhalten wäre in hohem Maße gerechtfertigt und daher nicht strafbar.

d. Sexueller Missbrauch

Bei dem noch heikleren Thema des sexuellen Missbrauchs (§ 174 StGB) ist äußerste Vorsicht angebracht. Ein vorschnell geäußerter Verdacht, der an die Öffentlichkeit dringt, kann den Ruf des Beschuldigten dauerhaft ruinieren – selbst wenn er sich später als unbegründet herausstellt.

Sie werden das Folgende hoffentlich nicht missverstehen, aber einige Gerichtsprozesse haben es gezeigt: Kinder spüren genau, wenn Erwachsene begierig nachfragen, weil sie eine Sensation wittern. Und so erfinden Kinder manchmal Dinge, um den Fragenden das zu liefern, was sie offensichtlich hören wollen.

Dies geschah auch bei einem Aufsehen erregenden Fall von „Kindesmissbrauch", bei dem die befragenden Kinderpsychologen, also Fachleute, völlig unkritisch alles für bare Münze nahmen, was die Kinder ihnen erzählten. Diese bemerkten die glänzenden Augen der Psychologen und spürten das große Interesse, das man ihnen mit jedem weiteren Detail entgegenbrachte. Auch die Staatsanwaltschaft übernahm ungeprüft die Informationen und steuerte einen spektakulären Prozess an.

Vor Gericht stellte sich (bei einem Ortstermin) allerdings schnell heraus, dass die behauptete Massenvergewaltigung (mit etwa 10 Beteiligten) im Nebenraum einer Gaststätte kaum möglich war: Dieser Raum war nur etwa 1,5 Quadratmeter groß und nachweislich schon seit ewigen Zeiten mit Bierkästen vollgestellt. Solche „Details" aber hatte niemand überprüft. Das unangenehme Fazit: Sensationslüsterne Psychologen und ein ehrgeiziger Staatsanwalt hatten den Ruf mehrerer Menschen irreparabel ruiniert.

Behalten Sie einen kühlen Kopf

Also Vorsicht! Natürlich kann ein sexueller Missbrauch vorliegen. Aber Kinder lieben es auch, Geschichten zu erzählen und sich etwas auszudenken, wenn sie spüren, wie „heiß" Erwachsene darauf sind. Mein erster Rat lautet deshalb: Bleiben Sie „cool". Versuchen Sie, ruhig und unbeteiligt zu bleiben. Zeigen Sie keine große Überraschung, kein großes Mitleid. Stellen Sie keine große Öffentlichkeit in Aussicht.

Die Merkmale für sexuellen Missbrauch sind am problematischsten aufzulisten. Zum einen, weil Kinder im Grundschulalter ein gesteigertes Interesse an den tabuisierten sexuellen Inhalten haben, zum anderen, weil viele Merkmale (wie Unkonzentriertheit, Delinquenz oder Aggression) auch bei Problemschülern aufgrund anderer Ursachen auftauchen.

Das Zeigen der eigenen Geschlechtsorgane ist durchaus alterstypisch, ungewöhnlich ist jedoch das Interesse an oralen und analen Kontakten. Auch haben Kinder in diesem Alter in der Regel schon einen Penis gesehen, allerdings nicht in erigiertem Zustand und ohne Sperma. Verdächtig sind daher Äußerungen wie: „Mein Onkel hat auch weißes Blut. Das kommt aus seinem Pimmel."

Folgende Merkmale können Indizien für Missbrauch sein:

- **Schwierigkeiten beim Gehen oder Sitzen**
- **Magen-Darm-Probleme („Bauchschmerzen")**
- **Juckreiz oder Schmerzen im Genitalbereich**
- **Schmerzen beim Wasserlassen oder Stuhlgang**
- **Blut im Urin oder Stuhl**
- **Ängstlichkeit, Albträume, depressives Verhalten**
- **Angst vor Berührungen durch Erwachsene („handscheu")**
- **Kind hat und zeigt wertvolle Geschenke**
- **weist unangemessenes sexuelles Verhalten auf**
- **kann sich nicht ausgelassen amüsieren**
- **hat ein Geheimnis, das es (wegen Strafe) nicht verraten darf**

Wie geht es nun weiter, falls Sie den begründeten Verdacht haben, das Kind würde zu Hause missbraucht? Nehmen wir einmal an, ein Kind hat Ihnen erzählt, es werde vom neuen Partner der Mutter missbraucht.

Zunächst ist zu klären, ob und wen Sie informieren können bzw. müssen bzw. wem Sie nichts davon erzählen dürfen.

Als Lehrkraft gehören Sie **nicht** zu den Berufsgruppen mit beruflicher Schweigepflicht wie Ärzte, Rechtsanwälte oder Mitarbeiter einer Beratungsstelle. Sie sind also (nach § 203 I StGB) nicht persönlich schweigepflichtig, selbst dann nicht, wenn Sie Vertrauens- oder Beratungslehrerin sind. Allerdings bindet Sie die Verschwiegenheitspflicht der staatlichen Institution Schule (§ 203 II StGB), der Sie angehören.

Sie dürfen nur Befugte informieren

Da Sie die vertrauliche Information als Lehrkraft (als Amtswalter) erhalten haben, dürfen Sie diese nicht einfach im Lehrerzimmer oder gar im Bekanntenkreis an unbeteiligte Dritte weitergeben, denn das wäre eine Verletzung von Privatgeheimnissen (§ 203 II StGB). Innerhalb der Schule dürfen Sie die Information jedoch an **Befugte** weitergeben, die dann ebenfalls automatisch zur Verschwiegenheit verpflichtet sind. Zu diesen befugten Personen gehören natürlich der Schulleiter, die Klassenlehrerin (wenn Sie es nicht selbst sind) oder die Beratungslehrerin.

Sie sind bereits auf der sicheren Seite, sobald Sie die Schulleitung informiert haben. Diese muss dann entscheiden, wie es weitergeht bzw. wer in einem nächsten Schritt informiert werden muss und ob z. B. eine Strafanzeige gestellt wird. Machen Sie sich also das Leben nicht zu schwer, indem **Sie** alle diese Fragen entscheiden. Beziehen Sie diejenigen mit ein, die weniger unterrichten, dafür aber mehr Geld bekommen – die Schulleitung.

Lassen Sie sich nicht den „Schwarzen Peter", d.h. die Entscheidung über das weitere Vorgehen, zuschieben. Sie informieren die Schulleitung und erfüllen damit Ihre Pflicht. Vielleicht machen Sie auch noch einen Vorschlag über das weitere Vorgehen. Die verbindliche Entscheidung, ob Jugendamt und/oder Polizei benachrichtigt werden, fällt jedoch die Schulleitung. Denn natürlich können auch falsche Entscheidungen getroffen werden – und warum wollen Sie dafür verantwortlich sein?

Falls Sie die Befürchtung haben, die Schulleitung könnte belastende Informationen nicht pflichtgemäß weiterleiten, tragen Sie der Schulleitung Ihre Beobachtungen einfach zusammen mit einer Kollegin vor, dann haben Sie eine Zeugin für Ihr korrektes Verhalten.

Die nächste Frage ist, ob die Mutter des Kindes zu informieren ist. Was meinen Sie? Natürlich hat die sorgeberechtigte Mutter einen Anspruch darauf, informiert zu werden, weil der Grundschüler aufgrund seines Alters noch nicht **selbstbestimmungsfähig** ist.

Soll die Mutter in unserem Fall ausnahmsweise nicht informiert werden, braucht es dafür einen triftigen Grund. Dieser könnte darin liegen, die Interessen des Kindes zu schützen, weil der **begründete** Verdacht besteht, die Mutter billige den Missbrauch des Kindes. Aber dafür brauchen Sie Indizien.

Die Schule entscheidet, ob das Jugendamt informiert wird

Liegen diese nicht vor, wird von Seiten der Schule ein Gespräch mit der Mutter geführt, um sich ein Bild über die Situation zu machen. In jedem Fall sollte parallel und vorbeugend das Jugendamt informiert werden, selbst wenn die Mutter dies nicht möchte.

Wer als Lehrkraft trotz offensichtlicher Anzeichen von sexuellem Missbrauch (oder Misshandlung) nichts unternimmt, verstößt gegen seine Fürsorgepflicht und macht sich (gem. § 171 StGB) strafbar. Die Klassenlehrerin ist dabei verantwortlich für die Schüler ihrer Klasse, die Schulleitung trägt die Fürsorge für alle Schüler.

Was nun wird das Jugendamt tun, nachdem es informiert wurde? Der erste Schritt ist die Beratung („Hilfe zur Erziehung"). Sie kann und soll im Idealfall schon vor der Gefährdung des Kindes einsetzen und dieser vorbeugen. Dazu gehören z.B.: ambulante Erziehungsberatung, Gruppenarbeit, Unterstützung bei der Pflege der Kinder oder Heimerziehung.

Die Leistungen der Kinder- und Jugendhilfe, die beantragt werden müssen, setzen allerdings eine Bereitschaft der Eltern zur Mitarbeit voraus, die nicht immer gegeben ist. Gemäß ihrer Definition stellen die **Erziehungshilfen zwar** noch keinen Eingriff in das elterliche Sorgerecht dar, obwohl dies von den Betreffenden natürlich anders empfunden wird.

Das Jugendamt prüft die Kooperationsbereitschaft der Eltern, führt eine Gefährdungsanalyse des Kindes durch und entscheidet danach, ob das Familiengericht eingeschaltet wird. Falls beide Aspekte negativ ausfallen, wird das **Familiengericht** angerufen. Dieses ermittelt „von Amts wegen", wird also selbst tätig, nachdem es Kenntnis von dem Sachverhalt erlangt hat. Es entscheidet über das weitere Vorgehen, stützt sich dabei aber auf die Vorschläge des Jugendamtes.

Maßnahmen des Familiengerichts sind möglich, falls

- das Kindeswohl (seelisch, körperlich) gefährdet ist **und**
- die Eltern die Gefahr nicht abwenden wollen oder können.

Als Maßnahme kann die **Verpflichtung** ausgesprochen werden, Erziehungshilfen anzunehmen, das Kind ärztlich untersuchen zu lassen oder es regelmäßig zur Schule zu bringen bzw. es durch die Polizei zuführen zu lassen.

Falls diese vorgelagerten Maßnahmen erfolglos bleiben, kann die Personensorge teilweise oder ganz entzogen werden (§ 1666 a I BGB). Im ersten Fall bleibt den Eltern ein Umgangsrecht unter Aufsicht, im zweiten Fall wird das Umgangsrecht entzogen.

In dringenden Fällen kann eine Entscheidung des Gerichts manchmal nicht abgewartet werden, weshalb das Jugendamt auch eine **Eilmaßnahme** ergreifen kann. Diese besteht vor allem darin, das Kind (vorübergehend) in Obhut zu nehmen (§ 8 a III, 2; SGB VIII), bis weitere Entscheidungen getroffen sind.

Und zum Schluss einige Zahlen aus dem Bereich „nice to know": Im Jahre 2011 haben die Familiengerichte knapp 13.000 Eltern das Sorgerecht entzogen, das ist doppelt so viel wie vor 20 Jahren. Dabei wurde in 10.000 Fällen das Sorgerecht auf das Jugendamt übertragen, in 3.000 Fällen wurde es anderen Erwachsenen zugesprochen.

Fazit: Es ist nicht so, dass die Jugendämter und Familiengerichte nichts tun. Es dauert nur manchmal recht lange.

Das dritte Jahr

Die Sommerferien sind vorbei und das dritte Jahr beginnt. Jetzt wird es langsam ernst, denn die ersten benoteten Arbeiten werden geschrieben, es geht zum Schwimmen und der Fahrradführerschein wird gemacht. An der Wand hängt bereits ein Poster, auf dem nicht nur die deutschen, sondern ebenfalls die lateinischen Begriffe der Wortarten stehen. Chantal und Jaqueline zeigen stolz ihre (blau) lackierten Fingernägel, die mit buntem Glitzer bestreut sind. Chantal hat passend dazu einige blau eingefärbte Strähnen im Haar. Als im Erzählkreis jedes Kind eine wichtige Sache erzählen darf, stellt die Kollegin Anna Nass enttäuscht fest, wie die „Bildungsschere" in den Sommerferien immer weiter auseinander geht: Kevin und seine Kumpels, aber auch Chantal und Jaqueline haben die meiste Zeit vor dem Computer verbracht, die Jungens bei ersten Ballerspielen, die Mädchen in der virtuellen Welt der Models. Der zierliche Alexander mit seiner etwas zu großen Brille hingegen war zwei Wochen in einem Juniorkurs einer Sommeruniversität, bevor er mit seinen Eltern nach Rom fuhr. Und Charlotte war mit ihren Eltern in den USA und hat dort den Grand Canyon und die Nationalparks besichtigt.

Alle Schüler sind jedoch ganz aufgeregt, weil sie wissen, dass es in diesem Jahr endlich auf Klassenfahrt geht. Die Kollegin Nass sieht dies jedoch mit gemischten Gefühlen, da sie aus Erfahrung um die damit regelmäßig auftauchenden Probleme weiß. Aber damit nicht genug, tauchen zusätzlich jedes Mal Schwierigkeiten auf, mit denen sie vorher nicht gerechnet hat.

1. Klassenfahrt

Für Grundschullehrerinnen ist eine mehrtägige Fahrt besonders heikel, weil die Schüler wegen ihres geringen Alters enger betreut werden müssen als an weiterführenden Schulen. Aber erst einmal gilt es, die Fahrt zu beantragen und zu genehmigen. Dafür müssen Sie der Schulleitung die Einverständniserklärung der Eltern und die voraussichtlichen Kosten der Fahrt vorlegen. Um diese realistisch zu berechnen, brauchen Sie aber zuerst die **verbindliche** Zusage der Eltern. Deshalb ist diese der erste und wichtigste Schritt. Die weiteren finden Sie darüber hinaus in einer Checkliste im Anhang (Anhang 5a).

Zuerst eine verbindliche Zusage

Mit der Anmeldung sollten Sie unbedingt eine **Anzahlung** von etwa 25 Prozent des Reisepreises fordern. Das ist bei jeder Reisebuchung üblich und sichert Ihre Finanzierung ab, falls später ein Schüler nicht an der Fahrt teilnimmt. Wer dagegen nur den Absichtserklärungen der Eltern vertraut, darf später mühsam versuchen, die Kostenbeteiligung eines nicht mitfahrenden Schülers einzutreiben.

Zudem kann man davon ausgehen, dass Eltern, die bereits ein Viertel der Kosten überweisen, wirklich hinter der Fahrt stehen. Beim Termin für die Anzahlung sollten Sie auf vage Formulierungen wie „möglichst bald“ verzichten. Setzen Sie stattdessen ein **konkretes Datum** und machen Sie deutlich: Bis zu diesem Termin muss das Geld auf Ihrem Konto **eingegangen** sein, damit Sie die Fahrt anmelden können.

Vermutlich werden Sie schon vorher Angebote für die Fahrt einholen, aber erst nach der verbindlichen Anmeldung aller Teilnehmer und der Genehmigung der Fahrt durch die Schulleitung können Sie (bzw. die Schulleitung) die Reise buchen. Diese besteht im Regelfall aus zwei Teilen: einer Fahrt (Bus oder Bahn) sowie der Unterbringung und Verpflegung. Juristisch interessant ist die Frage, wer bei der Buchung eigentlich Vertragspartner des Veranstalters ist: die Klassenlehrerin oder die Schule?

Vertragspartner des Veranstalters ist die Schule

Vertragspartner des Bus- oder Beherbergungsunternehmens ist die **Schule.** In Bundesländern, in denen die Schulleitung den Vertrag unterzeichnen muss, ist dies eindeutig. Aber selbst wenn die Klassenlehrerin den Vertrag unterzeichnet, handelt sie dabei stellvertretend für die Schule. Deshalb ist auch die (vorherige) Genehmigung durch die Schulleitung notwendig. Durch sie wird die Lehrkraft nämlich indirekt bevollmächtigt, die entsprechenden Verträge zu schließen. Die Lehrerin handelt hier nicht als Privatperson, sondern als sogenannte **Amtswalterin.**

Das ist wichtig, falls einige Eltern den Restbetrag nicht zahlen, das Busunternehmen oder die Unterkunft jedoch den vollen Betrag fordern. Dann geht die Forderung zwar zunächst an die Kollegin als Ansprechpartnerin, wird dann aber an die Schule weitergereicht. Diese begleicht zunächst die Rechnung, wird dann aber von den Eltern den ausstehenden Betrag zurückverlangen, notfalls über eine Klage, die dann das Land (als Dienstherr) führt.

Bei Buchung der Fahrt werden von den Veranstaltern häufig **Freiplätze** angeboten. Gerade in Bundesländern, die den begleitenden Lehrkräften nicht die gesamten Kosten ersetzen, stellt sich die Frage, ob dieser Freiplatz von der Lehrkraft angenommen werden darf. Einige wenige Bundesländer (z. B. Thüringen, Sachsen-Anhalt) erlauben ihren Lehrkräften, die Freiplätze **für sich** in Anspruch zu nehmen. In den meisten Ländern können bzw. müssen die etwaigen Freiplätze ebenfalls angenommen werden, allerdings nicht, um die Lehrkräfte finanziell zu unterstützen, sondern um die Ersparnis **auf die Schüler umzulegen.**

Begründung: Die Freiplätze werden angeboten, um die Lehrkraft zu ködern, bei diesem Veranstalter zu buchen. Die Kosten des Freiplatzes werden natürlich auf die zahlenden Schüler (bzw. deren Eltern) umgelegt. Würde die Kollegin die Freifahrt annehmen, wäre das für sie ein erheblicher **vermögenswerter Vorteil,** der durch die Schüler finanziert wird. Anders formuliert, handelt es sich dabei um ein Geschenk, das die Bagatellgrenze von 10 € (siehe auch IV, 4) deutlich übersteigt.

Obwohl nicht überall vorgeschrieben, empfiehlt es sich, für Ihre Schüler eine **Reiserücktrittskostenversicherung** abzuschließen. Sie kostet pro Teilnehmer etwa vier Euro und zahlt bei Krankheit und anderen Fällen, in denen die Verhinderung nicht vom Schüler verschuldet ist (z. B. Tod eines Elternteils, eigene Krankheit und Wiederholen eines Jahres). Falls einige Eltern die Versicherung für überflüssig halten, weisen Sie sie darauf hin, dass sie dann notfalls die Kosten eines Ausfalls selbst tragen müssen.

Neben der Einwilligung zu etwaigen Freizeitaktivitäten sollten Sie sich von den Erziehungsberechtigten einen **Gesundheitsbogen** und eine Einwilligung für den **medizinischen Notfall** ausfüllen lassen. Beides finden Sie als Vorlage im Anhang (5d–f, S. 105–107), daneben auch eine Zustimmung der Eltern, damit Sie Pflaster aufkleben oder Zecken entfernen dürfen. Als Lehrer finde ich so etwas ziemlich übertrieben, als Jurist kann ich Ihnen nur raten, sich sogar für solche minimalen „Eingriffe" abzusichern.

Schauen Sie einmal im Anhang in den Punkt 5 mit seinen Unterpunkten. Dort finden Sie (nicht nur für Klassenfahrten) Vordrucke für alles, was mit der Gesundheit der Schüler zu tun hat. Dazu gehört ebenfalls eine Erklärung der Eltern (5e), in der sie angeben, wie ihr Kind im Krankheitsfall transportiert werden soll (Krankenwagen, Taxi). Schließlich ist es ein unhaltbarer Zustand, dass die Eltern sich zunächst nicht äußern, später aber sagen, die von der Schule ergriffene Maßnahme hätten sie auf keinen Fall gewollt. Dann doch lieber umgekehrt: Die Eltern sagen uns, wie wir uns bei gesundheitlichen Problemen verhalten sollen – und so verfahren wir dann auch.

Durch den Gesundheitsbogen erfahren Sie, wer bestimmte Medikamente benötigt, wer allergisch auf bestimmte Dinge reagiert oder wer Kreislaufprobleme hat. Die Frage, ob die Eltern den Bogen wahrheitsgemäß ausfüllen, braucht Sie nicht zu beunruhigen. Sie haben nach diesen Informationen gefragt und zugesichert, sie diskret zu behandeln. Falls die Eltern auf diesem Bogen etwas verschweigen, geht das zu deren Lasten.

Die Einwilligung für medizinische Notfälle (5f) ist in anderen europäischen Ländern (z. B. Frankreich) bereits Standard. Hierdurch bevollmächtigen die Eltern die begleitende Lehrkraft, falls sie nicht erreichbar sind, im Notfall die Entscheidung über eine medizinische Maßnahme zu treffen. Sie erlauben der Kollegin auch, notwendige Verbandsmittel zu kaufen und verpflichten sich, die verauslagten Kosten zu ersetzen. Nicht zuletzt deshalb erspart eine solche Erklärung im Fall der Fälle viel Ärger.

Sie entscheiden über die Zimmerbelegung

Die Klassenfahrt rückt näher, und die Schüler fragen ständig nach der **Belegung der Zimmer.** Unerfahrene Kolleginnen lassen die Schüler ihre Plätze in den Zimmern wählen, sobald sie den Raumplan haben. Sie vertrauen darauf, alles werde sich schon finden. Vielleicht ja, vielleicht aber auch nicht. Günstiger ist es, den Schülern (und auch den Eltern!) frühzeitig klarzumachen: **Sie** als Lehrkraft entscheiden letztlich darüber, wer mit wem in welchem Zimmer untergebracht ist. Wer dies nicht deutlich sagt, darf damit rechnen, dass die Schüler eigenständig die Zimmerbelegung planen, und zwar so, dass unter Umständen für Außenseiter nur Restplätze übrig bleiben.

Mein Tipp: Nehmen Sie die Zimmerbelegung erst vor, sobald die Restzahlung der Schüler bei Ihnen eingegangen ist und **koppeln Sie Restzahlung und Zimmerbelegung.** Das heißt: Diejenigen, die bereits den gesamten Betrag überwiesen haben, dürfen schon ihre Wünsche für die Zimmerbelegung vortragen. Sie werden sich wundern, wie das die Zahlungsmoral fördert und zugleich verhindert, dass Außenseiter keinen Platz mehr finden. Diejenigen, die erst zum Schluss zahlen, müssen folglich mit den übrig gebliebenen Plätzen vorlieb nehmen.

Kommen wir zum **Rücktritt** eines Schülers von der Fahrt. Dazu folgender Fall: Eine Schülerin (ohne Reiserücktrittskostenversicherung) wird nach Buchung der Fahrt, aber kurz vor der Abreise krank (mit ärztlichem Attest), weshalb sie nicht mitfährt. Darauf fordern die Eltern das **gesamte** Geld zurück, da ihre Tochter ja nicht teilnimmt, und zwar aus einem Grund, den sie nicht verschuldet hat. Die Entscheidung: Die Schülerin muss trotzdem ihren **Kostenanteil** tragen. Denn durch ihren Ausfall reduzieren sich zwar einige Kosten (z. B. Verpflegung), andere (z. B. Fahrt) aber nicht. Und diese werden einbehalten.

Das ist nachvollziehbar: Würde man jedem nicht mitfahrenden Schüler sämtliche Kosten erstatten, würde sich der Reisepreis der Mitschüler erhöhen. Das wäre jedoch unfair. Schließlich haben die Eltern sich auf den Kostenvoranschlag der Lehrerin verlassen – und dieses Vertrauen ist zu schützen. Denn vielleicht haben einige Eltern der Klassenfahrt nur zugestimmt, weil sie davon ausgingen, sie würde nicht teurer werden.

Stark störende Schüler darf man zu Hause lassen

Damit kommen wir zum nächsten Punkt, der **Nichtmitnahme** eines Schülers auf die Klassenfahrt. Als Klassenlehrerin haben Sie die Möglichkeit, undisziplinierte Schüler wie Kevin, die z. B. Ihren Anweisungen nicht folgen, am Heimatort zu lassen, sofern Sie zwei Grundregeln befolgen. Zum einen müssen Sie der Klasse ankündigen, dass störende Schüler damit rechnen müssen, von der Fahrt ausgeschlossen zu werden.

Nun kommt die zweite Bedingung. Ein Schüler, der nach dieser Ankündigung einen weiteren Verstoß begeht, muss zunächst verwarnt werden. Erst nach diesen beiden Schritten, allgemeine Ankündigung und Verwarnung, ist es möglich, einen störenden Schüler von der Fahrt auszuschließen.

Allerdings wird der Ausschluss von der Klassenfahrt von den Gerichten als **Verwaltungsakt** eingestuft. Das bedeutet: Sie als Klassenlehrerin können nicht alleine die Nichtmitnahme beschließen, sondern brauchen dazu einen Konferenzbeschluss. Falls die Klassenkonferenz oder die Schulleitung Sie drängen oder anweisen sollten, den störenden Schüler trotzdem mitzunehmen, empfehle ich Ihnen Folgendes. Sie geben (schriftlich!) eine **dienstliche**

Erklärung ab, in der Sie darlegen, warum Sie es für gefährlich halten, diesen Schüler mitzunehmen. Das dient Ihrer Absicherung. Falls jetzt auf der Klassenfahrt jemand durch diesen Schüler zu Schaden kommt, so trifft Sie keine Schuld. Schließlich haben Sie ja vorher auf das Problem hingewiesen.

Zeitsprung: Sie sind mit Ihrer Klasse am Ort der Klassenfahrt angekommen und betreuen die Schüler den lieben langen Tag. Abends möchten Sie zur Belohnung für Ihre Anstrengungen gerne mit Ihrer Begleitung gemütlich ein Glas Wein trinken. Aber haben Sie auf einer Klassenfahrt überhaupt **Freizeit** und dürfen Sie abends Alkohol trinken? Sie haben und Sie dürfen. Denn Sie befinden sich in einem **„Bereich der privaten Lebensführung"**, wie Juristen es nennen. Und in diesem dürfen Sie sogar Alkohol (in Maßen) trinken oder Zigaretten rauchen.

Auch Sie haben irgendwann Freizeit

Es ist Nachtruhe („Zapfenstreich") und die Schüler liegen endlich in ihren Betten. Wie lange dauert nun noch Ihre Aufsicht? Das hängt von der Reife der Schüler bzw. von ihrem Verhalten ab. Wenn die Schüler Ihren Anweisungen Folge leisten, genügt etwa eine halbe Stunde, in der Sie noch einmal kontrollieren, ob die Bettruhe auch eingehalten wird. Keineswegs müssen Sie sich die gesamte Nacht um die Ohren schlagen, um zu überprüfen, ob nicht doch in einem Zimmer noch gelesen wird oder ein Schüler in ein anderes Zimmer schleicht.

Die ersten zwei Tage vergehen, dann wird Kevin immer munterer und mutiger. Und irgendwann ist es soweit: Er beleidigt nicht nur andere, sondern schlägt auch Mitschüler, weshalb Sie entscheiden, ihn nach Hause zu schicken. Glücklicherweise haben Sie die Einwilligung der Eltern (siehe Anhang 5c), ihr Kind nach Hause zu schicken, falls es erheblich gegen die Regeln verstößt. Darin haben die Eltern auch unterschrieben, die Kosten der Rückreise zu tragen. Wie geht es nun weiter?

Als Erstes gilt es, eine juristische Hürde zu nehmen, denn auch das Zurückschicken von einer Klassenfahrt ist ein Verwaltungsakt. Folglich bräuchte man dafür einen Konferenzbeschluss, was aber während der Fahrt unmöglich ist. Trotzdem dürfen Sie als Klassenlehrerin hier nicht alleine entscheiden. In dieser besonderen Situation wird die Klassenkonferenz durch die Schulleitung ersetzt. Informieren Sie also zunächst diese, damit sie das Zurückschicken deckt.

Hat die Schulleitung zugestimmt, müssen die Eltern benachrichtigt werden, um abzusprechen, wie der Schüler wieder nach Hause kommt. Da die Entscheidung bereits durch die Schulleitung gedeckt ist, geht es nur noch um die Art der Rückreise. Da Klassenfahrten an Grundschulen meist nicht weit vom Schul- bzw. Wohnort entfernt stattfinden, ist den Eltern die Möglichkeit zu geben, ihr Kind abzuholen, um so Kosten zu sparen.

Falls die Eltern dies ablehnen, weisen Sie sie darauf hin, dass ihr Kind dann bei ungünstigen Verkehrsverbindungen notfalls mit dem Taxi zurückgeschickt wird. Aber auch die Bahnhofsmission bietet eine Kinderbetreuung an („Kids on Tour"), auf die man bei Bedarf zurückgreifen kann. Zum Glück brauchen Sie diese Entscheidung nicht alleine zu fällen. Fragen Sie gleich bei der Information über den Vorfall Ihre Schulleitung, wie Sie sich verhalten sollen, falls die Eltern sich weigern, das Kind abzuholen.

Die kritische letzte Nacht

Es ist der letzte Abend, und Chantal und ihre Freundinnen frohlocken. Denn sie wurden von ihren verständnisvollen Eltern vorausschauend darüber aufgeklärt, dass nun kein vorzeitiges Zurückschicken mehr droht, da man am nächsten Morgen regulär zurückfährt. Deshalb sollten Sie präventiv andere Konsequenzen der Schule ansprechen. Selbst nach der Rückkehr sind nämlich disziplinarische Maßnahmen gegen Schüler denkbar, die sich Anordnungen widersetzt und gegen die Regeln verstoßen haben.

Zudem ist für die Empfehlung an die weiterführenden Schulen wichtig, wie weit ein Schüler in der Lage ist, sich selbstständig verantwortungsvoll zu verhalten. Diese Konsequenz sollten Sie Schülern und Eltern vor der Fahrt aufzeigen und den Schülern noch einmal vor der letzten Nacht ins Gedächtnis bringen, was meist dazu führt, dass sich die Schüler bei ihren heimlichen oder unheimlichen Unternehmungen der letzten Nacht so ruhig verhalten, dass Sie hoffentlich nichts davon mitbekommen. Und das ist ja auch schon was.

„Medikamentenausgabe!":

Vor allem auf Klassenfahrten, aber auch sonst, stellt sich die spannende Frage, ob Lehrkräfte ihren Schülern Medikamente geben dürfen. Am einfachsten wäre es, sich um dieses heikle Thema zu drücken oder pauschal nein zu sagen, wie es in Seminaren oft geraten wird. Aber Sie sollen in diesem Buch präzisere Informationen bekommen:

Die juristische Lösung der Frage liegt darin, was man unter „geben" versteht. Verboten ist es, einer Schülerin mit Kopfschmerzen ein Aspirin zu geben. Denn das bedeutet, **eine medizinische Diagnose zu stellen,** als deren Ergebnis dann die Tablette **verabreicht** wird.

Aber wie ist es, wenn in der Klasse eine Schülerin täglich ein ihr verschriebenes **Medikament** nehmen muss, das jedoch manchmal vergisst, sofern man sie nicht daran erinnert?

Und damit kommen wir zur zweiten Bedeutung von „geben". In diesem Fall hat ja der Arzt schon eine Diagnose erstellt und der Schülerin das Medikament und seine Dosierung verschrieben. Wenn jetzt die Kollegin der Schülerin das Medikament gibt (im Sinne von „anreichen"), ist das juristisch unbedenklich, da die Lehrerin **keine Diagnose** stellt.

Fazit: Mit Zustimmung der Eltern darf eine Lehrkraft einer vergesslichen Schülerin ihr Medikament „geben", was faktisch nichts anderes bedeutet, als sie an die Einnahme zu erinnern.

Die eigentliche Gefahr steckt ganz woanders, nämlich in der Frage: Was passiert, falls die Klassenlehrerin **vergisst,** der Schülerin das Medikament zu geben? Haftet dafür die Kollegin?

Die Antwort steckt in der Unterscheidung zwischen einem (rechtlichen) **Auftrag** und einer (sozialen) **Gefälligkeit.** Ein **Auftrag** bewirkt eine **starke** rechtliche Bindung mit entsprechender Haftung, falls der Beauftragte seine Pflichten nicht erfüllt. Bei einer **Gefälligkeit** ist der Bindungswille **schwach** und die Haftung deutlich reduziert, falls durch ein Versäumnis ein Schaden entsteht. Sagt jemand dem Nachbarn zu, in dessen Abwesenheit aus Gefälligkeit die Blumen zu gießen, so gibt es keinen Schadensersatz, falls der Gefällige das Gießen vergisst und eine Pflanze eingehen sollte.

Keinen Auftrag annehmen

Um Sie als Lehrkraft abzusichern, sollte deshalb klargestellt werden, dass Sie **keinen Auftrag** übernehmen. Wie geht das? Über eine schriftliche Kenntnisnahme der Eltern, dass es sich um eine reine Gefälligkeit (keinen Auftrag!) der Lehrerin handelt und Schüler und Eltern damit rechnen müssen, dass die Lehrerin die Angelegenheit eventuell auch einmal vergisst. Das Formular dafür findet sich im Anhang unter 5e. Wenn die Eltern dieses Risiko nicht akzeptieren wollen, bleibt ihnen nur die Möglichkeit, einem Mitschüler die Aufgabe zu übertragen – oder ihr Kind zu Hause zu lassen.

Unabhängig davon ist jede Klassenlehrerin gut beraten, sich genau zu überlegen, ob sie eine Medikamentenausgabe übernehmen will. Denn sagt sie es **einem** Elternpaar zu, wird es schwierig, dies dem zweiten, dritten oder vierten abzuschlagen. Im schlimmsten Fall hat die Kollegin eine Liste mit 15 Terminen, wann sie welchem Schüler welches Medikament geben muss. Aber das ist natürlich kein rechtliches Problem.

Exkurs: Rechtsgebiete und Schadensersatz

Hier bietet es sich an, einen kleinen, aber wichtigen Abstecher zu machen, um die unterschiedlichen Rechtsgebiete zu erklären, mit denen Lehrkräfte in der Schule zu tun haben. Man unterscheidet

- das Öffentliche Recht und
- das Zivilrecht (Privatrecht).

Das Öffentliche Recht ist geprägt durch ein **Über- bzw. Unterordnungsverhältnis.** Oben sitzt der Staat, z. B. im Strafrecht, unten sitzen die Bürger.

Und wer gegen die Gesetze verstößt, der wird bestraft. Das ist zwar altmodisch und autoritär formuliert, trifft aber den Kern. Die **Schule gehört zum** Öffentlichen Recht, und zwar zum **Verwaltungsrecht.** Deshalb ist sie ebenfalls hierarchisch geprägt, worüber man aber selten spricht, weil es so unangenehm klingt. Die Lehrkraft hat einen Vorgesetzten (den Schulleiter) und darüber ihren Dienstherrn (das Land). Beide dürfen Sie anweisen, dienstliche Anweisungen zu befolgen.

Aber die Lehrkraft ist ihrerseits ebenfalls weisungsbefugt, nämlich den Schülern gegenüber. An Hochschulen und Lehrerseminaren verschweigt man dies gerne. Schließlich sollen die Schüler ja nicht gegen ihren Willen zu etwas gedrängt werden! Ganz frei sollen sie wollen und dann hoch motiviert Vokabeln oder Grammatik lernen.

Das Verwaltungsrecht ist hierarchisch geprägt

Es ist schon erstaunlich, wie Pädagogikprofessoren und Seminarleiter die Schüler (in der Theorie) dazu bringen, voller Freude selbst die unangenehmsten Dinge zu erledigen. Mir gelingt das nur selten, weshalb ich manchmal schweren Herzens gezwungen bin, sogar Arbeitsaufträge zu erteilen. Erfreulicherweise darf ich das, weil ich den Schülern übergeordnet bin.

Das Zivilrecht hingegen geht von grundsätzlich **gleichberechtigten** Partnern aus, die miteinander Verträge aushandeln und dann abschließen. Mit diesem Bereich haben Lehrkräfte während des Dienstes selten etwas zu tun, es sei denn, sie schließen Verträge mit einem Busunternehmen ab oder die Schule hat einen Vertrag mit einer Versicherung.

Im **Zivilrecht** ist auch der **Schadensersatz** (§ 823 BGB) geregelt. Der stellt, obwohl manche dies glauben, keine Strafe dar. Schließlich geht es lediglich darum, einen Schaden, den jemand verschuldet hat, auszugleichen. Diese Verpflichtung zum Schadensersatz trifft grundsätzlich jeden, der über 7 Jahre alt ist. Wer also mindestens fahrlässig, d.h. aus Unachtsamkeit, das Eigentum eines anderen beschädigt, muss diesen Schaden ersetzen. Soweit das Grundprinzip. Manchmal übernimmt eine Versicherung den Schaden aber nur, wenn nicht vorsätzlich gehandelt wurde.

Neben den materiellen Schäden (die zertretene Brille) gibt es die Verletzung von immateriellen Rechten. Das wäre z. B. die Verletzung von Urheberrechten. Manchmal gibt es auch immaterielle Schäden, z. B. Schmerzen, für die ein finanzieller Ausgleich (Schmerzensgeld) gefordert werden kann.

2. Aufsichtspflicht und Haftung

Anknüpfend an die Hinweise zur Klassenfahrt aus dem vorigen Kapitel bleibt leider festzustellen: Es hilft nichts. Auch wenn es mehr Arbeit macht – bei Grundschülern muss deutlich enger kontrolliert werden.

a. Stufen der Schuld

Vom Maß der Schuld hängt ab, ob jemand zahlen muss oder nicht. Und so ist in Gerichtsurteilen immer wieder von vorsätzlichem oder fahrlässigem Handeln die Rede. Aber was bedeutet das? Beginnen wir (didaktisch begründet) mit dem Grundsätzlichen:

Schuld heißt, jemandem etwas vorwerfen zu können

Jeder, der einem anderen **schuldhaft** einen Schaden zufügt, muss ihm diesen ersetzen. Das steht im § 823 des BGB und hat ganz allgemeine Gültigkeit. Allerdings hat nicht jeder, der einen Schaden **verursacht,** diesen auch verschuldet. Ein Verschulden setzt nämlich voraus, dass man jemandem etwas vorwerfen kann.

Falls Sie also in der Schule plötzlich einen Schwächeanfall erleiden und den Beamer auf einem Projektionstisch zu Boden reißen, so haben Sie den Schaden zwar **verursacht, aber nicht verschuldet,** denn Sie trifft kein Vorwurf, keine Schuld. Das heißt, **Sie müssen nicht zahlen.**

Die Rechtslage sieht völlig anders aus, falls Sie betrunken durch den Raum torkeln und so den Schaden herbeiführen. Denn jetzt haben Sie ihn nicht nur verursacht, sondern auch **verschuldet** – und sind verpflichtet, zu zahlen.

Die Schuld kann unterschiedlich groß sein, wobei die Juristen eigentlich 5 Stufen der Schuld unterscheiden. Da die ersten beiden fast gleich sind, reduziere ich didaktisch und mache daraus 4 gut zu unterscheidende Stufen: Zwei zählen zum Vorsatz, zwei zur Fahrlässigkeit.

- Fangen wir mit der schwersten Schuld an, dem **direkten Vorsatz.** Dafür müssen beim Täter **„Wissen und Wollen"** vorliegen. Jemand weiß um einen möglichen Schaden und denkt sich: „Das (den Schaden) will ich!" Solch absichtliches Handeln liegt z. B. vor, wenn Kevin dem kleinen Alexander die neue Jacke wegnimmt und mit einem Cutter in kleine Streifen schneidet. Dass hier gezahlt werden muss, leuchtet jedem ein. Und natürlich springt in diesem Fall auch keine Versicherung für den Schädiger ein.
- Die nächste Stufe ist der sogenannte **bedingte Vorsatz,** der schwieriger einzuschätzen ist: Die Juristen sagen, der Täter nimmt den (negativen) Erfolg „billigend in Kauf".
  Denken Sie an Kevin, der Alexander einen Apfel wegnimmt und damit wegläuft. Alexander verfolgt ihn, worauf Kevin mit dem Apfel nach seinem Verfolger wirft, um ihn abzuschütteln. Dabei wird das Auge von Alexander getroffen und verletzt. Das war bedingter Vorsatz. Zwar war es nicht Kevins Hauptziel, das Auge zu treffen, er wollte nur entkom-

men, aber er hat eine Verletzung des ihn verfolgenden Schülers in Kauf genommen. Der Gedanke im Kopf des typischen Täters lautet: „Na, wenn schon!" Über diesen Punkt wird bei Gericht oft heftig gestritten, da schwierig einzuschätzen ist, ob jemand eine negative Folge wollte oder diese nur in Kauf genommen hat, um sein Hauptziel zu erreichen.

- Jetzt geht es um die **grobe (bewusste) Fahrlässigkeit.** Sie ist der Grund für 80 Prozent aller Unfälle und liegt vor, wenn jemand denkt: „Hoffentlich passiert nichts." Vermutlich sind Sie unangenehm überrascht, dass dies bereits die grobe Fahrlässigkeit verkörpert. Schließlich hat jeder von uns diesen Gedanken schon mehr als einmal gehabt – und trotzdem etwas geschehen lassen.
  Was finden die Gerichte so schlimm daran? Ganz einfach: Wer diesen Gedanken hat, dem ist **bewusst,** dass etwas passieren **kann.** Trotzdem unternimmt er nichts dagegen, sondern hofft darauf, „Glück" zu haben. Das aber kann kein Prinzip sein, um minderjährige Schüler zu beaufsichtigen. Bei einem Schaden würde der Dienstherr zwar zunächst für die Lehrkraft zahlen (Prinzip der Amtshaftung), dann aber das Geld von der Kollegin oder ihrer Versicherung zurückfordern (Regress).

Wer denkt: „Hoffentlich passiert nichts" und nichts zur Gefahrvermeidung tut, der handelt grob fahrlässig.

- Die letzte Stufe schuldhaften Handelns ist die **leichte (unbewusste) Fahrlässigkeit.** Der Betreffende sieht eine bestehende Gefahr einfach nicht. Deshalb gibt es hier auch keinen Gedanken in seinem Kopf, den ich Ihnen zeigen könnte. Leichte Fahrlässigkeit liegt z. B. vor, wenn eine Lehrerin zum Beginn der großen Pause **vergisst,** den Klassenraum abzuschließen, die Schüler wieder in die Klasse gehen, dort toben und einer von ihnen sich dabei verletzt.
  Ein Gericht würde urteilen: „Das hätte die Betreffende aber erkennen können, wenn sie sich damit beschäftigt hätte." Warum die Kollegin die Gefahr nicht gesehen hat, kann verschiedene Ursachen haben. Der Schuldvorwurf hängt zum einen von der Schwierigkeit ab, bestimmte Gefahren im Voraus zu erkennen, zum anderen von der Lebenserfahrung der Betreffenden. Deshalb sind Referendare und Junglehrer hier stärker geschützt als Lehrerinnen mit jahrelanger Berufserfahrung.
  Gut für Sie zu wissen: Diese Stufe der Schuld trägt der Dienstherr für Sie, ohne zurückzufordern. Allerdings entscheiden nicht Sie, in welche Stufe der Schuld Ihr Handeln fällt, sondern der Dienstherr bzw. ein Gericht.

b. Pflichtenkollision

Kommen wir nun zu einem grundlegenden Problem – und seiner Lösung: Sie haben Aufsicht auf dem Pausenhof, wo sich am Ende der Pause ein Schüler verletzt. Einerseits möchten Sie bei dem verletzten Schüler bleiben, bis der Krankenwagen kommt, andererseits beginnt mit dem Ende der Pause der Unterricht in Ihrer Klasse. Wie lässt sich dieses Dilemma lösen?

Das ist gar nicht so schwierig, denn es handelt sich um eine sogenannte **Pflichtenkollision,** die bei Ärzten relativ häufig auftritt, weshalb das richtige Verhalten juristisch geklärt ist: Jeder Arzt, der zu einem Unfall mit mehreren Verletzten gerufen wird, steht vor diesem Dilemma. Er muss abwägen, um wen er sich zuerst kümmert.

Wo sind Sie vorsichtiger?

Da auch Sie – wie der Arzt – nicht an zwei Orten gleichzeitig sein können, müssen Sie entscheiden, wo Ihre Anwesenheit wichtiger ist. Diese Beurteilung über die größere Gefahr können nur Sie treffen. Die Wahl braucht objektiv nicht richtig zu sein, sie muss aber nachvollziehbar sein. Dabei hängt alles vom Einzelfall ab.

Wenn Sie einen schwer verletzten Schüler haben, die Klasse, in die Sie gleich gehen sollen, jedoch ruhig und vernünftig ist, werden Sie bei dem Verletzten bleiben und über einen Schüler im Sekretariat Bescheid sagen lassen, damit eine Kollegin Ihre Klasse mitbetreut. Sollte hingegen der Schüler nur leicht verletzt sein, die Klasse aber besonders unruhig, so können Sie auch zwei Mitschüler bei dem gestürzten Schüler lassen und sich zunächst persönlich um Ihre Klasse kümmern.

Sie brauchen keine Angst zu haben, dass man Ihnen später bittere Vorwürfe machen wird, falls Sie die Situation falsch eingeschätzt haben. Schließlich sind Sie keine Ärztin und können nicht sicher beurteilen, wie schwer eine Verletzung ist. Sie dürfen also getrost von dem ausgehen, was Sie wahrnehmen. Wenn der Sturz des Schülers nicht gefährlich aussieht und er nicht über starke Schmerzen klagt, dürfen Sie sich vorrangig um Ihre unruhige Klasse kümmern.

Gerade an Grundschulen wird häufig auf **pädagogische Hilfskräfte** zurückgegriffen, um die Erziehungsarbeit zu unterstützen. Das können zum einen sogenannte pädagogische Mitarbeiter/Betreuer/Assistenten sein, aber auch Elternteile (meist Mütter), die die Schüler außerhalb des Unterrichts betreuen und beaufsichtigen. Die Stellung dieser pädagogischen Hilfskräfte ist denen der Lehrkräfte ähnlich, aber nicht gleich.

So sind pädagogische Hilfskräfte in der Regel keine Beamten, was für die Entlohnung wichtig ist. Während Beamte nicht nach Stunden bezahlt werden, sondern verpflichtet sind, ihre gesamte Arbeitskraft in den Dienst des

Staates zu stellen, haben Angestellte einen Anspruch auf höhere Vergütung, sobald sie mehr arbeiten, als ursprünglich im Vertrag vorgesehen.

Wichtiger als die Bezahlung ist jedoch ihre rechtliche Stellung, die vor allem in Bezug auf die Aufsicht nicht immer einsichtig ist. In bestimmten Bereichen, für die sie zuständig sind, z. B. in einem Betreuungsraum, können pädagogische Mitarbeiter eigenverantwortlich die Aufsicht übernehmen. Sind sie jedoch als Hilfskräfte neben einer ausgebildeten Lehrkraft eingesetzt, z. B. bei einer Tagesfahrt, so liegt die Gesamtverantwortung für die Aufsicht nachvollziehbar bei der Lehrerin. Da pädagogische Mitarbeiter aber keinen Unterricht erteilen dürfen, da sie dafür nicht ausgebildet sind, können sie ihn auch nicht beaufsichtigen. Dass dies in der Regel trotzdem geschieht, falls Lehrkräfte krank werden und die Schüler sinnvoll beschäftigt werden sollen, ist eine ganz andere Angelegenheit.

c. Versicherung

Lassen Sie uns nun gemeinsam ins Lehrerzimmer gehen und einen sicheren Platz für Ihre Sachen suchen. Denn gleich geht es um die Frage, wo Sie wertvolle Dinge verstauen können und unter welchen Umständen diese im Zweifelsfall versichert sind.

Wie sind Ihre Sachen versichert?

Zum Einstieg in diese Thematik schildere ich Ihnen kurz einen tatsächlichen Fall, den Sie entscheiden sollen: Eine Kollegin ließ ihr Handy auf dem Tisch im Lehrerzimmer liegen, von wo es verschwand. Daraufhin forderte sie für den Verlust Schadensersatz von der Schule bzw. vom Schulträger. Was meinen Sie, wurde der Kollegin der Verlust Ihres Handys ersetzt?

Wenn Sie jetzt mit Nein geantwortet haben, ist Ihnen das Grundprinzip schon klar. Der Schulträger als derjenige, der die Schule mit Inventar ausstattet, ist verpflichtet, den Lehrkräften einen abschließbaren Schrank zur Verfügung zu stellen – oder aber für die Verluste aus Diebstahl zu haften. Dieser Verpflichtung kommt er in der Regel nach, indem er den Lehrkräften abschließbare Fächer im Lehrerzimmer bereitstellt. Sollte aus einem abgeschlossenen Fach etwas gestohlen werden, so haftet der Schulträger bzw. seine Versicherung ebenfalls.

Bevor wir gleich wieder zum Handy der Kollegin kommen, lassen Sie uns bitte über Ihren Regenmantel reden, der manchmal an der Lehrergarderobe hängt. Dort sind die Mäntel in der Regel nicht individuell weggeschlossen, sondern auch andere Kolleginnen hätten Zugriff auf Ihren Mantel und könnten ihn theoretisch stehlen. Würde also Ihr Mantel gestohlen, müsste der Schulträger bzw. seine Versicherung dafür zahlen, weil der Regenmantel für Sie **notwendig** ist, um trocken zur Schule zu kommen.

Ein Handy hingegen ist sinnvoll, jedoch nicht zwingend notwendig, um Schüler zu unterrichten. Selbst wenn es eine Anordnung gäbe, ein privates Handy mitzuführen, um im Fall eines Amoklaufs die Schulleitung oder die Polizei zu informieren, würde die Kollegin die Verpflichtung treffen, diesen kleinen, aber wertvollen Gegenstand nicht einfach herumliegen zu lassen, sondern ihn in ihrer Tasche zu verstauen.

Da wir gerade bei wertvollen Dingen und deren Versicherung sind: Sie besitzen hoffentlich eine Berufshaftpflichtversicherung, um fahrlässiges Handeln abzudecken. Da die meisten Schulen heute jedoch keine simplen Schlösser und Schlüssel mehr haben, sondern über ausgefeilte Schließanlagen verfügen, sollten Sie überprüfen, ob Ihre Versicherung eine **„Schlüsselklausel"** enthält. Diese deckt beim Verlust Ihres Schlüssels den notwendigen Austausch der gesamten Schließanlage ab, wofür eine Deckungssumme von 20.000 Euro sinnvoll ist. Bei kleineren Schulen mit wenigen Schlössern reichen unter Umständen auch schon 15.000 Euro.

Die gesetzliche Unfallversicherung:
Sie ist ein wichtiger Teil der deutschen Sozialversicherung und versichert Arbeitsunfälle sowie den Weg zur Arbeitsstätte und zurück. Dies gilt auch für Schüler, die auf ihrem Schulweg wie Arbeitnehmer betrachtet werden.

Schüler sind auf dem Schulweg versichert

Der Weg zur Arbeitsstätte (Schule) ist versichert, und zwar unabhängig davon, wie er zurückgelegt wird. Selbst ein Erstklässler auf einem Fahrrad (ohne „Fahrradführerschein") wäre auf diesem Wege versichert. Die Eltern haben also die freie Wahl, wie ihr Kind zur Schule kommt. Wichtig zu wissen: Nicht nur der kürzeste Weg ist versichert, obwohl dies manchmal vermutet wird. Sollte es einen anderen Weg zur Schule geben, der zwar ein wenig länger, dafür aber **deutlich sicherer** ist, so darf auch dieser genommen werden und die Schüler wären gleichermaßen abgesichert.

Gleiches gilt für Schüler, die einen Unfall erlitten haben und sich daraufhin zu einem Arzt begeben. Auch sie stehen natürlich auf dem Weg zum Arzt und von dort nach Hause (oder wieder zurück zur Schule) unter dem Schutz der Versicherung. Ebenfalls versichert ist der Weg zum örtlichen Museum, das während der Schulzeit besucht wird. Der Grund liegt darin, dass der Museumsbesuch quasi Unterricht in anderer Form an einem anderen Ort darstellt.

Lassen Sie uns nun die Frage klären, ob die Schüler selbstständig mit dem Fahrrad zum Museum fahren können. Vielleicht erinnern Sie sich noch an das, was ich vorne (S. 22) über die Deliktfähigkeit von Kindern gesagt habe. Die Gerichte gehen davon aus, Kinder seien ab dem siebten Lebensjahr grundsätzlich in der Lage, einfache Situationen zu überblicken.

Der Straßenverkehr wird von den Gerichten jedoch als so komplex angesehen, dass die Verantwortlichkeit der Kinder für Schäden, die sie verursachen, reduziert ist. Daraus folgt: Grundschüler dürfen nicht alleine mit dem Fahrrad zum Museum fahren. Etwas anderes würde nur gelten, wenn die Schüler ganz besonders reif, im Fahrradfahren sehr geübt wären („Fahrradführerschein“) und der Weg zum Museum ungefährlich wäre.

Straßenverkehr ist komplex und gefährlich

Ich weiß schon, was Sie einwenden wollen. Aber die Tatsache, dass die Schüler eventuell alleine mit dem Rad zur Schule kommen, ändert nichts daran, denn diese Entscheidung treffen **die Eltern** und tragen folglich dafür die Verantwortung. Das selbstständige Fahren mit dem Rad zum Museum wäre nur mit einer schriftlichen Einwilligung der Eltern möglich. Denn in diesem Fall würden sie dann dafür die Verantwortung tragen.

Manchmal stellt sich die Frage, ob Schüler versichert sind, wenn sie nach Beginn des Unterrichts noch einmal nach Hause gehen, weil sie etwas Wichtiges vergessen haben. Rein rechtlich wären sie auch hier auf dem unmittelbaren Hin- und Rückweg versichert. In der Grundschule sollte diese Variante allerdings die absolute Ausnahme bleiben, weil der zusätzliche Weg auch eine zusätzliche Gefahr bedeutet.

Dies vor allem deshalb, weil damit zu rechnen ist, dass ein vergesslicher Schüler sich im Straßenverkehr besonders schnell bewegt und darum nicht mehr so aufmerksam ist, wie er es sonst wäre. Falls Sie dies dennoch zulassen wollen, sollten Sie sich absichern, indem Sie den Schüler noch einmal vor der gesamten Klasse daran erinnern, sich an die Verkehrsregeln zu halten und Sicherheit vor Schnelligkeit den Vorrang zu geben.

Das Grundprinzip der Unfallversicherung von Schülern ist recht einfach, aber es gibt einige Ausnahmen, die man kennen sollte. Natürlich sind die Schüler während des Schulbesuchs, und dazu gehören auch die Pausen, über die sogenannte „Schulversicherung“ versichert. Auch in Freistunden, in denen die Schüler keinen regulären Unterricht haben, sondern nur betreut werden, sind sie abgesichert.

Nicht gedeckt sind dagegen Tätigkeiten, die zwar durch die Schule begründet sind, dort aber nicht stattfinden, wie z. B. die Anfertigung der Hausaufgaben zu Hause.

Schwierigkeiten bereiten ebenfalls die sogenannten **„eigenwirtschaftlichen Tätigkeiten“.** Dieser seltsame Begriff umfasst Aktivitäten, die zwar in der Schule stattfinden, aber mit der Schule nicht direkt zu tun haben. Konkret bedeutet das: Beißt z. B. Marvin in der Pause in sein mitgebrachtes Brötchen und bricht sich die Ecke eines Zahnes heraus, weil im Brötchen ein kleiner Stein eingebacken war, so findet dieser Unfall zwar in der Schule statt, hat aber organisatorisch mit ihr nichts zu tun, sondern ist eine „eigenwirtschaftliche Tätigkeit", also Marvins privates Bedürfnis.

Anders sieht es aus, sobald in einer Schule mit Ganztagsbetrieb das Mittagessen in der Mensa eingenommen wird. Jetzt ist das Essen organisatorisch in den Schulablauf eingebettet und eine durch eine verdorbene Mahlzeit ausgelöste Krankheit wäre versichert. Würde Marvin jedoch eine von zu Hause mitgebrachte verdorbene Speise in der Schule essen, würde nicht die Schulversicherung zahlen, sondern die private Versicherung der Eltern müsste einspringen.

Gibt es einen Bezug zur Schule?

Ähnlich ist es bei dem eigentlich persönlichen Bedürfnis, sich zu waschen. Falls jedoch im Anschluss an den Sportunterricht ein Schüler sich wäscht oder duscht und dabei verletzt, so ist der Unfall versichert, weil er in einem engen Zusammenhang mit dem Unterricht steht.

Für große Pausen und Freistunden, die auf dem Schulgelände verbracht werden dürfen, ist es wichtig, Schüler (und Eltern) darauf hinzuweisen, dass sie durch das unbefugte Verlassen des Schulgeländes **ihren schulischen Versicherungsschutz verlieren.**

Eine besondere Situation besteht bei Klassenfahrten, falls es dort neben den offiziellen Veranstaltungen auch Zeiten gibt, in denen die Schüler Freizeit haben. Hier gilt das oben Gesagte: Die Unfallversicherung für Schüler beschränkt sich auf den Bereich bzw. die Zeiten, die durch die Schule organisiert und überwacht werden. Lediglich privat versichert sind die Schüler deshalb, sobald unbeaufsichtigte Freizeit gewährt wird, die keinen Bezug zum Unterricht hat. Problemlos versichert sind die Schüler hingegen bei einer gemeinsamen Wanderung oder während einer Stadtrallye, bei der die Schüler in Kleingruppen durch die Stadt laufen, um Dinge zu suchen und zu beschreiben.

Entlastend für die Grundschule ist jedoch, dass die Gerichte nicht nur das korrekte Verhalten von Schülern absichern, sondern auch alterstypische Verhaltensweisen wie Herumalbern oder gegenseitiges Necken. Zudem akzeptieren Gerichte und Versicherungen, dass eine **ständige Aufsicht** durch die begleitende Lehrkraft nicht möglich und grundsätzlich auch **nicht nötig** ist.

Trotzdem sind Schäden durch typisch jugendliches Verhalten über die Versicherung gedeckt. So entwickelte sich nach Mitternacht im Zimmer einer Jugendherberge eine Handtuchschlacht, bei der zwei Schüler verletzt wurden. Zum einen machte man der Lehrkraft keinen Vorwurf, weil sie davon nichts mitbekommen hatte, zum anderen wurden die Verletzungen über die Unfallversicherung gezahlt, weil dieses Verhalten als typisch jugendlich ebenfalls mit abgedeckt war.

Der kommunale Schadensausgleich:
Als öffentliche Anstalt ist die Schule verpflichtet, Schüler vor Schäden zu bewahren bzw. diese finanziell auszugleichen, wenn sie doch eintreten und die Schule oder der Schulträger dafür verantwortlich ist. Während es bei der Unfallversicherung um Körperschäden geht, regelt der kommunale Schadensausgleich, der in den Bundesländern manchmal leicht abweichende Namen trägt, den Ersatz von Sach- und Vermögensschäden. Letztere entstehen durch den Verlust von Geld oder wertvollen Gegenständen, z. B. durch Diebstahl. Sachschäden (zerrissene Jacke) tauchen manchmal im Zusammenhang mit Personenschäden auf, werden aber separat abgewickelt.

Ersatz von Sachschäden

Die kommunale Versicherung zahlt, wenn der Versicherungsnehmer, hier also der Schulträger, zahlen müsste und der Geschädigte **nicht auf anderem Wege Ersatz verlangen kann.** Zerstört also der achtjährige Kevin seinem Mitschüler Alexander mutwillig die Federtasche, so gibt es keinen Grund, warum hier der Schulträger (oder seine Versicherung) zahlen sollte. Denn Kevin ist ja zivilrechtlich haftbar. Anders sieht es aus, wenn auf dem Pausenhof die Jacke einer Schülerin von einem Farbbeutel getroffen wird und sich **nicht herausfinden lässt,** wer geworfen hat. Geht man davon aus, dass die Pausenaufsicht ihre Aufsichtspflicht korrekt wahrgenommen hat, würde hier der kommunale Schadensausgleich des Schulträgers zahlen.

Nicht immer entstehen Schäden durch schuldhaftes Verhalten von Schülern oder Lehrkräften. Daneben gibt es das sogenannte **„Organisationsverschulden“**, das der Schulleitung angelastet wird, falls sie wichtige Abläufe innerhalb der Schule gar nicht oder so fehlerhaft organisiert, dass dadurch Schäden auftreten. Ein solches Organisationsverschulden liegt z. B. vor, wenn die Schulleitung nicht für eine Vertretung von plötzlich ausfallenden Kolleginnen sorgt, z. B. über einen Bereitschaftsdienst, sondern eine Lehrkraft mehrere Klassen in unterschiedlichen Räumen beaufsichtigen lässt.

Bemerkt eine Kollegin eine Gefahrenquelle in der Schule (wackeliges Klettergestell), so muss sie dies der Schulleitung mitteilen. Diese ist wiederum verpflichtet, über den Hausmeister die Gefahr abstellen zu lassen oder den Schulträger zu informieren, damit er die Gefahrenquelle beseitigt. In der Zwischenzeit – bis zur Beseitigung der Gefahr – müssen Schulleitung und Lehrkräfte durch geeignete Maßnahmen dafür sorgen, die Gefahr einzudämmen.

Ist also in einem Klassenraum eine Scheibe zerbrochen, können die Schüler nicht mehr unbeaufsichtigt in diesem Raum bleiben. Beseitigt auch der benachrichtigte Schulträger die Gefahrenquelle nicht, so muss im Zweifelsfall er bzw. seine Versicherung für den dadurch entstandenen Schaden haften.

Für Sie als Lehrkraft bedeutet das: Sobald Sie meinen, Gefahrenquellen erkannt zu haben, die Sie nicht selbst abstellen können (oder dürfen), sollten Sie schriftlich (elektronischer „Dreizeiler") die Schulleitung informieren. Die Schriftform dient dabei Ihrer Absicherung, weil Sie damit, falls die Schulleitung nicht handelt, belegen können, bereits vor einiger Zeit auf diesen Missstand hingewiesen zu haben.

Keine Sorge, Sie brauchen nicht ständig hinterherzulaufen und nachzufragen, ob Schulleitung oder Schulträger etwas unternommen haben, denn Sie haben mit der Meldung „nach oben" Ihre Pflicht erfüllt. Allerdings wäre es fehlerhaft und würde Ihnen angelastet, wenn Sie die Meldung unterlassen, weil Sie davon ausgehen, es würde ja sowieso nichts unternommen. Was jetzt kommt, kennen Sie schon. Aber weil es so zentral ist:

Melden macht frei und sichert Sie ab!

Nun zu den Vermögensschäden. Sie können auftreten, wenn Lehrkräfte, z. B. im Sportunterricht, Schülereigentum verwahren, dieses aber später verschwunden ist, weil es gestohlen wurde. Bevor wir uns der Frage im Detail widmen, sollten Sie, besser noch Ihre Schule, präventiv tätig werden. Teilen Sie den Eltern schriftlich mit, dass Schüler Wertsachen grundsätzlich nicht zur Schule mitbringen sollen – und lassen Sie sich die Kenntnisnahme bestätigen (Formular im Anhang, Nr. 7).

Wertvolle Sachen sollten zu Hause bleiben

Kostbarer Schmuck, wertvolle Uhren oder teure Smartphones haben in der Schule nichts zu suchen – und wer solche Dinge mitbringt, tut dies auf eigenes Risiko. Denn falls der Gegenstand verschwindet, trifft die Schüler (und Eltern) eine Mitschuld (§ 254 BGB), wodurch der Schaden gar nicht oder nur teilweise ersetzt wird. Auch hierauf sollten Sie die Eltern hinweisen.

Allerdings können auch Dinge gestohlen werden, die materiell nicht besonders wertvoll sind, deren Verlust aber ärgerlich ist. Wie ist in einem solchen Fall zu verfahren? Gehen wir dazu in den Sportunterricht des Kollegen Karl Rotte. Um Verletzungen vorzubeugen, müssen die Schüler bei ihm ihre Schmuckstücke ablegen. Der Kollege sammelt Ringe, Kettchen, Uhren ein und deponiert diese in einer Tasche, die er im Nebenraum der Turnhalle auf einen Tisch legt.

Am Ende der Stunde werden die Wertsachen ausgeteilt und Chantal reklamiert, dass ihre Kette fehle, die sie von ihrer Oma auf dem Sterbebett erhalten habe. Der Kollege Rotte kann sich beim besten Willen nicht an die Abgabe der Kette erinnern. Er nimmt zwar das Schülereigentum an und gibt es wieder aus, führt aber nicht für jede Sportstunde eine Empfangs- und eine Ausgabeliste. Trotzdem stellt sich jetzt die Frage nach dem Ersatz des Schadens.

Es ist beruhigend zu wissen, dass für den BGH (Bundesgerichtshof), der einen solchen Fall entschieden hat, **keine** Verletzung der Aufsichtspflicht vorlag. Eine lückenlose Bewachung der abgegebenen Gegenstände war dem Kollegen nicht zuzumuten, da er ja vorrangig den gefahrgeneigten Sportunterricht überwachen musste. Der geforderte Ersatz der Eltern wurde abgelehnt, weil diese ein erhebliches **Mitverschulden** (§ 254 BGB) am Verschwinden der Kette hatten. Trotz der Aufforderung, ihren Kindern keine Wertsachen mit zur Schule zu geben, hatten sie sich darüber hinweggesetzt und mussten nun das Risiko des Verlustes tragen.

Kein Verwahrungsvertrag

Manchmal versuchen clevere Eltern (bzw. deren Anwälte), dahingehend zu argumentieren, die Lehrkraft habe mit ihnen – unausgesprochen – einen **Verwahrungsvertrag** (mit besonderen Pflichten) geschlossen, da sie freiwillig die Sachen aufbewahrt habe. Auch dieses Argument scheiterte im vorliegenden Fall, weil der Kollege die Wertsachen der Schüler nicht nachlässiger aufbewahrt hatte als seine eigenen.

Darüber hinaus ist es auf jeden Fall sinnvoll, den Schülern vor dem Einsammeln noch einmal deutlich zu machen, dass Sie keine Garantie für die sichere Aufbewahrung übernehmen können, sondern lediglich aus **Gefälligkeit** die abgelegten Gegenstände aufbewahren.

Auch hierfür finden Sie im Anhang (Nr. 7) einen Vordruck, den Sie verändern und an Ihre persönlichen Bedürfnisse anpassen können.

Sollte eine Lehrkraft von Schülern jedoch **Geld** einsammeln, z. B. um damit später den gemeinsamen Museumsbesuch einer Tagesfahrt zu bezahlen, so trifft sie die Verpflichtung, dieses Geld sicher aufzubewahren. Bei einem etwaigen Verlust würden weder das Land noch der Schulträger den Schaden ersetzen, sondern nur die privat abgeschlossene Diensthaftpflichtversicherung.

Der Schulträger, der für die Ausstattung der Schule verantwortlich ist, hat auch den Schülern die Möglichkeit zu bieten, Wertgegenstände sicher aufzubewahren – oder er haftet bei Verlust. Allerdings ist es nicht notwendig, wie in den USA üblich, jedem Schüler einen abschließbaren Spind zu geben.

Es reicht, wenn die Wertsachen im Klassenraum bleiben, zu dem allein die Aufsicht führende Lehrerin einen Schlüssel hat. Wird jetzt eine Jacke aus dem abgeschlossenen Klassenraum gestohlen, so haftet dafür der Schulträger (bzw. seine Versicherung). Allerdings muss die Versicherung erst dann für den Verlust zahlen, wenn der Dieb nicht zu ermitteln ist.

Klären wir in diesem Zusammenhang gleich die Frage, ob eine Lehrkraft das Recht hat, die Büchertaschen von Schülern zu durchsuchen. Die Antwort ist einfach und klar: Sie hat es nicht, selbst wenn unbestreitbar ist, dass ein Schüler die verschwundene Sache gestohlen hat.

Zwei andere Dinge aber kann die Lehrkraft unternehmen: Zum einen kann sie die Schüler sehr nachdrücklich auffordern, die Taschen auszuleeren. Wenn die Schüler dieser Anweisung folgen, liegt kein unrechtmäßiges Eindringen in die Privatsphäre vor.

Kein Recht, Schultaschen zu durchsuchen

Die zweite Möglichkeit besteht darin, die Schüler festzuhalten und die Polizei zu rufen. Diese darf nämlich die Taschen durchsuchen. Ob man zu solch einer spektakulären Maßnahme greift, ist eine ganz andere Frage. Es ist auf jeden Fall sinnvoll, diese Möglichkeit zu kennen, um sie den Schülern als nächsten Schritt anzudrohen. In den meisten Fällen wird nämlich die Ankündigung, die Polizei zu rufen, dazu führen, dass der betreffende Schüler die gestohlene Sache auspackt, die er „aus Versehen" eingesteckt hat.

Während der Schulträger für einen Diebstahl aus einem abgeschlossenen Klassenraum haftet, braucht er nicht zu zahlen, wenn z. B. während des Kunstunterrichts, in dem auch herumgelaufen wird, einem Schüler etwas gestohlen wird. Bei einem solchen Unterricht ist es praktisch unmöglich, Diebstähle der Schüler untereinander auszuschließen. Deshalb sind sie nicht versichert.

Umstritten ist die Frage, ob der Schulträger für eine diebstahlsichere Aufbewahrung von Fahrrädern zu sorgen hat. Dies wird grundsätzlich verneint, weil bei einem „offenen" Fahrradhof eine solche Verpflichtung in der Praxis kaum zu erfüllen wäre. Etwas anderes gilt nur, falls der Schulträger einen durch Gitter abgesicherten Fahrradraum zur Verfügung stellt und damit die Verantwortung für die sichere Aufbewahrung der Fahrräder übernimmt.

Wenn Schüler einen Anspruch auf kostenlose Schülerbeförderung haben, entfällt automatisch die Versicherung des Fahrrads. Denn es kann dem Schulträger nicht zugemutet werden, nicht nur die Kosten der Schülerbeförderung mit einem Bus zu übernehmen, sondern zusätzlich auch noch für den Verlust des Fahrrads aufzukommen.

Der kommunale Schadensausgleich, das heißt die Versicherung von Sach- und Vermögensschäden, verlangt einen Schadensbericht. In ihm muss z. B. erklärt werden, ob Wertgegenstände (wie z. B. Uhren) eingesammelt oder anders gesichert worden sind. Ebenfalls wird nach Maßnahmen der Lehrkraft bzw. der Schule gefragt, die den Schaden hätten verhindern oder mindern können.

Bei der Angabe eines Schülers, sein Fahrrad sei gestohlen worden, ist immer die Frage wichtig, ob das Rad auch abgeschlossen war. Hierfür muss der Schlüssel vorgelegt werden. Kann dieser nicht vorgewiesen werden, spricht viel dafür, dass das Rad nicht abgeschlossen war.

Die Betreuung der Nachbarklasse:

Kommen wir nun zu einem Aufsichtsproblem, das Sie sicherlich kennen: Sie kommen morgens gut gelaunt zur Schule und der Schulleiter Karl Rotte, der auch den Vertretungsplan macht, bittet Sie darum, die Klasse im Nebenraum mit zu beaufsichtigen, weil die Kollegin Nass krank sei. Sie fühlen sich etwas unwohl dabei, sagen aber nichts und gehen in Ihre Klasse, die Sie regulär unterrichten. Von Zeit zu Zeit verlassen Sie den Raum und werfen einen kontrollierenden Blick in den Nachbarraum, wo die nicht beaufsichtigte Klasse immer munterer wird.

Ob Sie dies in Zukunft weiter widerspruchslos mitmachen, sollten Sie sich gut überlegen, denn Ihr kollegiales Verhalten kann Ihnen juristische Probleme bescheren. Es sei denn, Sie wären katholisch – und eine Heilige. Warum? Ganz einfach, die Katholiken kennen nämlich die **Bilokation,** die Eigenschaft, zur gleichen Zeit an zwei Orten zu sein. Diese Fähigkeit wird aber nur Heiligen zugesprochen, normale Menschen wie Sie und ich verfügen darüber nicht.

Man kann nicht an zwei Orten gleichzeitig sein

Deshalb sollten Sie eine solche Aufforderung Ihres Vertretungsplaners **nicht unkommentiert** befolgen. Damit Sie auf der sicheren Seite sind und dort auch bleiben, müssen Sie dem Kollegen Rotte deutlich machen, dass Sie nicht zwei Klassen in unterschiedlichen Räumen gleichzeitig beaufsichtigen können. Das kann niemand, was auch schon die Gerichte (wenig überraschend) festgestellt haben.

Falls man Ihnen einen Auftrag gibt, der nicht zu erfüllen ist, sind Sie als gute Beamtin (oder Angestellte) allerdings verpflichtet, auf diese Unmöglichkeit hinzuweisen. Sobald Sie das machen, sind Sie, salopp gesprochen, aus dem Schneider.

Wie geht es nun weiter? Es gibt zwei Möglichkeiten: Sollte irgendwo im Lehrerzimmer noch jemand sitzen, der die Beaufsichtigung übernehmen könnte, aber der Kollege Rotte hält an Ihnen fest, dann würde er für etwaige Schäden haften, die aus seiner fehlerhaften Anweisung resultieren.

Gibt es jedoch objektiv niemand anderen, der die Klasse beaufsichtigen kann, und auch das ist möglich, so trifft auch den Kollegen Rotte keine Schuld. Er wiederholt also nach Ihren Bedenken seine Anweisung, worauf Sie sagen: „Na gut, ich probiere es." Und dann versuchen Sie, die eigentlich unmögliche Aufgabe zu lösen, so gut es eben geht. Passiert dann etwas, so haben beide, Sie und der Vertretungsplaner, nicht schuldhaft gehandelt.

3. Lebensmittelverkauf auf Schulfesten

Die Osterferien sind vorbei, das Wetter wird besser und man plant zum Abschluss des Jahres ein Schulfest. Im Unterricht haben die Kinder bereits etwas über Europa gelernt, viele von ihnen waren während der Ferien schon im europäischen Ausland, weshalb man als Thema des Schulfestes „Europa" wählt. Die Klassenlehrerin Anna Nass bespricht die Veranstaltung mit ihren Schülern. Es wird geplant, europäische Delikatessen herzustellen und zum Verkauf anzubieten. Die Mütter braten, kochen und backen, dass es eine wahre Wonne ist.

Da Chantals Mutter schon häufiger in Italien war, hat sie eine starke Schwäche für die italienische Küche. Und so stellt sie ein leckeres Tiramisu nach einem Originalrezept her, das heißt mit frischen Eiern. Unter uns gesagt: So ganz taufrisch sind die Eier leider nicht mehr, die sie für diesen Nachtisch verwendet. Aber sie geht davon aus, der Nachtisch würde in der Schule natürlich bald gegessen und bis dahin gut gekühlt.

Vorsicht bei Lebensmitteln in der Schule

Beides erweist sich leider als Fehleinschätzung. Das Tiramisu wird zur Schule gebracht und steht dort bei sommerlichen Temperaturen zunächst herum. Das ist nicht verwunderlich, denn die Schule hat nur sehr begrenzte Kühlmöglichkeiten. Und da vor allem die Getränke gekühlt werden sollen, passt das Tiramisu nicht mehr in den Kühlschrank. Es wird auch nicht gleich verzehrt, sondern Schüler und Eltern stürzen sich zuerst auf Pizza, Pasta oder Gyros und widmen sich erst später dem Nachtisch.

Das Tiramisu schmeckt zwar lecker, entfaltet allerdings nach wenigen Stunden unangenehme Nebenwirkungen. Aus den Eiern haben sich bei entwicklungsfördernder Wohlfühl-Temperatur fiese Salmonellen entfaltet, die den Leckermäulern gewaltig auf den Magen schlagen.

Glücklicherweise stirbt niemand, aber etliche Schüler und einige Eltern müssen im Krankenhaus behandelt werden. Und schon wird die Angelegenheit juristisch, denn es stellt sich die unangenehme Frage nach der Haftung. Chantals Mutter argumentiert wie folgt: Sie habe das Tiramisu in einwandfreiem Zustand der Schule übergeben und sei selbstredend davon ausgegangen, es werde sachgerecht gekühlt.

Juristen sprechen bei solchen Vorgängen vom sogenannten **„Gefahrübergang“**. Das bedeutet: In dem Augenblick, als das Tiramisu die Türschwelle der Schule „überschreitet“, geht die Gefahr, das heißt die Verantwortung, auf die Schule über, die hier an Klassenlehrerin und Schulleitung hängenbleibt.

Was also gilt es zu tun, wenn man als Schule seiner Sorgfaltspflicht nachkommen, nicht aber auf solch schöne Schulfeste verzichten will? Wie Sie vielleicht wissen, gibt es eine Landeshygieneverordnung (LHVO), in der festgelegt ist, wie z. B. Lebensmittel bei Straßenfesten und ähnlichen Veranstaltungen zu behandeln sind. Diese Regeln lassen sich ohne Weiteres auf Schulfeste übertragen. Deshalb finden Sie auf einem Merkblatt im Anhang (Nr. 6) die wichtigsten Gebote für die Zubereitung und Aufbewahrung von Speisen bei solchen Festen.

Verteilen Sie das Merkblatt aus dem Anhang

Damit Sie als Klassenlehrerin auf der sicheren Seite sind, empfiehlt sich Folgendes: Verteilen Sie das Merkblatt an die Eltern Ihrer Schüler und lassen Sie es unterschrieben wieder mit zurückbringen. Dadurch verfügen Sie über eine erste Absicherung, weil Sie die Eltern über die wichtigsten Regeln informiert haben und diese Ihnen bestätigen, sich daran zu halten.

Das löst allerdings noch nicht völlig das Problem eines Tiramisus mit rohen Eiern. Denn für solch riskante Speisen müssen entsprechende Kühlmöglichkeiten bestehen – oder (noch besser!) man verzichtet ganz auf ihren Verkauf. Sinnvoll wäre zudem, wenn es an jeder Schule eine Kollegin gäbe, die die Aufbewahrung der Speisen kontrollierte. Und das örtliche Gesundheitsamt leistet ebenfalls Unterstützung, wenn man es darum bittet.

Ich kann mir gut vorstellen, wie Sie mich jetzt gerade verfluchen, weil ich Ihnen diese Gefahren vor Augen geführt habe. Sie meinen, es wäre besser gewesen, nichts darüber zu erfahren? Das ist ein gefährlicher Trugschluss. Denn wie heißt es doch in der alten Redensart.

Unwissenheit schützt vor Strafe nicht.

Das bedeutet: Wenn also beim nächsten Schulfest jemand wegen verdorbener Lebensmittel, die Ihre Klasse verkauft, zu Schaden kommen sollte, würde man **Sie** zur Verantwortung heranziehen. Und zwar unabhängig davon, ob Sie etwas über die unaussprechliche Landeshygieneverordnung wussten oder nicht. Ich ahne wohl, wie viele Schulen es gibt, die den Verkauf von Lebensmitteln auf Schulfesten ganz locker sehen. Das funktioniert auch, **aber nur so lange, bis etwas passiert.** Dann gibt es auf einmal das böse Erwachen mit der verzweifelten Suche nach einem Sündenbock, der meist auch gefunden wird. Aber das müssen ja nicht unbedingt Sie sein.

Hygiene genießt an Grundschulen höchste Priorität

Natürlich werden diese Überlegungen keinen Freudentaumel auslösen, da sie mit Arbeit verbunden sind. Aber an einer Grundschule ist Hygiene besonders wichtig, weil die Immunstärke der Kinder noch nicht so ausgeprägt ist. Sie können schwer erkranken, während Erwachsene oder ältere Schüler noch mit einer Magenverstimmung davonkommen.

Um Ihnen und den Schülern nun aber nicht jeden Spaß zu verderben: Das Mitbringen eines traditionellen Geburtstagskuchens, der gleich darauf im Unterricht gegessen wird, stellt in der Regel kein Problem dar und ist nicht vergleichbar mit den Gefahren, die sich mit Lebensmitteln bei einem sommerlichen Schulfest stellen.

4. Grundlagen der Leistungsbewertung

Die Leistungsbewertung ist ein Thema, das an Grundschulen eine geringere Bedeutung besitzt als an weiterführenden Schulen. Denn in den ersten Jahren findet noch keine juristisch relevante Benotung statt. Die Lernkontrollen dienen vor allem der Rückmeldung über den Lernfortschritt. Selbst in den letzten beiden Jahren ist die Benotung unproblematischer, weil sie nicht so komplex und damit für Schüler und Eltern besser nachvollziehbar ist. Mit Beschwerden ist deshalb verstärkt zu rechnen, sobald es auf die Empfehlung für die weiterführenden Schulen zugeht.

a. Hausaufgaben

Widmen wir uns nun den bescheidenen Hausaufgaben unserer Grundschüler. Natürlich wissen Sie, dass es für die Menge der Hausaufgaben im zuständigen Erlass eine zeitliche Obergrenze gibt. Diese richtet sich jedoch nicht, wie manche Eltern glauben, am schwächsten, sondern an einem **durchschnittlichen** Schüler aus. Es ist also unerheblich, ob ein einzelner schwacher Schüler für die Hausaufgabe vielleicht etwas länger braucht, als vorgesehen.

Jede andere Auslegung des Erlasses würde Hausaufgaben quasi unmöglich machen, weil es ja immer einen Schüler geben könnte, der sehr langsam arbeitet. Oder clevere Schüler wie Kevin oder Marvin könnten behaupten, sie hätten wirklich die volle Zeit an den lächerlichen paar Zeilen gesessen, die sie dann vorzeigen.

Hausaufgaben dürfen **nicht benotet** werden, aber sie können in die Bewertung mit einbezogen werden. Ich ahne schon, was Sie jetzt denken:

„Das ist wieder so eine typisch juristische Spitzfindigkeit." Sie haben ja Recht, aber trotzdem gibt es einen sachlichen Grund für diese Regelung. Wenn in einer Klasse ein Schüler (Alexander) sitzt, dessen Mutter ebenfalls Lehrerin ist, vielleicht sogar Grundschullehrerin, so wird Alexander die Hausaufgaben immer richtig haben, ohne dass dies sein eigenes Verdienst ist.

Daneben gibt es aber in der Klasse ebenfalls Kevin, um den sich zu Hause niemand kümmert und dessen Hausaufgaben darum fast immer falsch sind. Wer jetzt einfach nur schlicht benotet, indem er die erste richtige Hausaufgabe mit einer Eins bewertet, die zweite (falsche) jedoch mit einer Sechs, der vergleicht Äpfel mit Birnen und wird den unterschiedlichen Voraussetzungen nicht gerecht. Dass dies unfair wäre, ist hoffentlich einsichtig.

Zulässig jedoch ist etwas anderes. Sie dürfen nämlich den **Umfang** und die **Sorgfalt** der Hausaufgabe in Ihre Bewertung mit einbeziehen. Denn auch ein Schüler, der die Hausaufgabe falsch hat, könnte besonders sorgfältig gearbeitet haben. Und eine Schülerin, die bei einer Schreibaufgabe nicht das Thema erfasst hat, könnte sehr viel geschrieben, sich also besonders viel Mühe gegeben haben.

Umfang und Sorgfalt dürfen berücksichtigt werden

Diese beiden Punkte, **Umfang und Sorgfalt,** sind nicht direkt davon abhängig, ob die Eltern auch Lehrkräfte sind oder ob ein Kind alleine zu Hause arbeiten muss. Deshalb dürfen sie durchaus in die Note mit einfließen. Bewerten Sie die Hausaufgaben mit Plus oder Minus oder mit lachenden oder weinenden Smileys, sind Sie rechtlich auf der sicheren Seite.

Kommen wir nun zu nicht vorliegenden Hausaufgaben. Manchmal werden sie zu Hause vergessen, manchmal gar nicht gemacht. Und manchmal werden sie nicht gemacht, aber die Schüler geben an, sie hätten sie nur zu Hause liegengelassen.

Sie als Lehrkraft können nicht überprüfen, ob eine nicht vorliegende Hausaufgabe wirklich nur zu Hause vergessen oder gar nicht gemacht wurde. Das brauchen Sie auch nicht, denn die Pflicht der Schüler besteht nicht nur darin, die Hausaufgabe anzufertigen, sondern auch darin, sie zur Schule **mitzubringen.** Dies zu vergessen, ist eine (leichte) Pflichtverletzung, die man dem Schüler vorwerfen kann und die man in den eigenen Unterlagen festhalten sollte.

Damit wir uns nicht missverstehen: Jeder kann einmal etwas vergessen, und wir haben es hier mit Kindern zu tun, die sich leicht ablenken lassen und dabei natürlich schnell etwas vergessen. Ich möchte also das Ganze nicht unnötig dramatisieren. Aber die Schüler sollten bereits in der Grundschule lernen, dass sie Pflichten haben, die sie (letztlich zum eigenen Wohl) erfüllen müssen.

Bringschuld der Schüler

Sie als Lehrkraft sollten den Schülern zudem verdeutlichen, dass vergessene Hausaufgaben eine so genannte **Bringschuld** der Schüler sind. Nicht Sie müssen hinterherlaufen und um die vergessene Hausaufgabe bitten, sondern der Schüler muss **unaufgefordert** zu Ihnen kommen und die vergessene Hausaufgabe vorzeigen.

Ich weiß, an vielen Grundschulen ist es gängige Praxis, den Strich für vergessene Hausaufgaben wieder zu tilgen, sobald sie denn nachgereicht werden, so als habe die Hausaufgabe schon beim ersten Mal vorgelegen. Das können Sie tun, schließlich sind Sie über 18 und leben in einem freien Land. Sie dürfen aber auch die Tatsache, dass ein Schüler mehrfach seine Hausaufgabe verspätet abgeliefert hat, in Ihre Bewertung einbeziehen, wenn Sie dies den Schülern (und Eltern) vorher bekannt geben. Das wird auch den Schülern gerecht, die ihre Hausaufgaben immer termingerecht erledigen.

Wird eine Hausaufgabe gar nicht vorgelegt, nicht einmal deutlich verspätet, so handelt es sich um eine Leistungsverweigerung, die mit einer Sechs bewertet werden kann.

Kommen wir nun zu einer Variante, die sich wie eine Epidemie verbreitet, weil einige Schüler offensichtlich von ihren cleveren Eltern dahingehend beraten werden. Worum geht es? Kevin hat seine Hausaufgaben nicht erledigt. Danach gefragt, warum er sie nicht angefertigt habe, entgegnet er: **„Ich konnte das nicht!“** Das könnte theoretisch so gewesen sein, ist aber eher unwahrscheinlich, weil Hausaufgaben in der Regel so angelegt sind, dass eigentlich jeder Schüler sie lösen kann, sofern er sich nur etwas Mühe gibt. Die Behauptung („Ich konnte das nicht!“) könnte also eine geschickte Ausrede sein, die zudem der Lehrkraft indirekt vorwirft, eine viel zu schwierige Hausaufgabe aufgegeben zu haben.

Die Lösung des Problems ist relativ einfach: Lassen Sie Kevin und andere Schüler, die Hausaufgaben für unlösbar halten, stattdessen 100 (oder 50) Mal Folgendes schreiben: „Ich konnte die Hausaufgabe nicht, will aber zeigen, dass ich mich angestrengt habe.“ Es ist erstaunlich, welche Wirkung diese „Ersatzaufgabe“ entfaltet: Hausaufgaben, die sonst nicht zu schaffen waren, werden auf einmal lösbar. Und das ist doch auch schon etwas.

b. Der Beurteilungsspielraum

Vielleicht haben Sie von folgendem Fall gehört, der 2010 bundesweit durch die Presse ging: An einer (weiterführenden) Schule stand ein Schüler in einem Fach rechnerisch auf 4,3. Die Kollegin gab dem Schüler aber auf dem Zeugnis eine Fünf und begründete die schlechtere Note wie folgt: Der Schüler hatte mehrfach seine Hausaufgaben nicht gemacht, die Heftführung war ausgesprochen schlampig, und auch ein Referat hatte er nicht gehalten. Kurzum, es gab mehrere Erwägungen, die Note zu verschlechtern. Da er noch eine weitere Fünf hatte, blieb er sitzen.

Natürlich klagten die Eltern gegen die Nichtversetzung und griffen die Fünf der besagten Kollegin an. Genauso selbstverständlich wies allerdings das zuständige Verwaltungsgericht die Klage zurück und betonte noch einmal den Beurteilungsspielraum von Lehrkräften.

Sie haben einen Beurteilungsspielraum

Für ihn gibt es mehrere überzeugende Argumente: Zum einen steht dahinter die Erkenntnis, dass die Bewertung, vor allem von mündlichen Leistungen, eine hochkomplexe Angelegenheit ist, die von außen im Nachhinein eigentlich nicht zu überprüfen ist. Daneben existieren aber noch weitere triftige Gründe, jeder Lehrkraft diesen Spielraum zuzugestehen:

- Sie hat nicht nur die entsprechenden Fächer studiert,
- sondern auch das Studium erfolgreich abgeschlossen,
- verfügt über Vergleichsmöglichkeiten zu anderen Schülern,
- hat oftmals eine mehrjährige Berufserfahrung
- und hat bislang ohne Beanstandung benotet.

Aufgrund dieser Erwägungen werden die Beurteilungen durch Lehrkräfte grundsätzlich akzeptiert, und die Gerichte überprüfen nur den „äußeren Rahmen“ der Notenfindung.

c. Der äußere Rahmen

Dies ist kein offizieller Begriff, sondern es ist meiner. Aber ich finde ihn ganz treffend. Er bezeichnet den Vorgang, bei Bewertungen grundsätzlich nicht das Inhaltliche nochmals zu kontrollieren, sondern nur das, was objektiv von außen überprüfbar ist. Machen wir es pointiert, aber konkret: Sie haben Kevins letzte wichtige Arbeit mit Sechs bewertet, wodurch er letztlich nicht für das Gymnasium empfohlen wird. Dagegen wenden sich die Eltern und legen Widerspruch bei der vorgesetzten Schulbehörde und danach Klage bei einem Verwaltungsgericht ein.

Was wird in beiden Instanzen geprüft? Man rechnet z. B. die pro Aufgabe vergebenen Punkte nach, überprüft also, ob Sie sich verrechnet haben. Die Juristen werden aber nicht überprüfen, ob die zwei Punkte (von drei möglichen), die Sie vergeben haben, vielleicht zu wenig waren.

Überprüft wird der äußere Rahmen

Ähnliches gilt auch für schriftliche Randbemerkungen an einer Arbeit. Die überprüfenden Juristen werden sinnbildlich die Endnote verdecken und sich nur die Bemerkungen anschauen. Dann werden sie diese im Geiste zusammenfassen und überprüfen, ob sie mit der von Ihnen vergebenen Note und Ihrem Kommentar ungefähr übereinstimmen. Falls beides auseinanderklafft, haben Sie ein Problem. Sollten hingegen die Randbemerkungen ungefähr die Endnote widerspiegeln, so ist Ihre Note in Ordnung.

Gleiches gilt für die Benotung der mündlichen Mitarbeit. Auch hier müssen Sie damit rechnen, Ihre Unterlagen vorzulegen und zu erklären, in welcher Art und Weise Sie die Noten zusammengezählt haben und zu Ihrem Ergebnis gekommen sind. Es wird aber nicht überprüft, ob die Vier, die Sie Kevin für den Monat März gegeben haben, der Wirklichkeit entsprach oder nicht, weil das nicht machbar ist.

Natürlich würden die Schulbehörde oder ein Gericht ebenso rügen, falls Sie gegen logische Denkgesetze (2 + 2 = 4) verstoßen oder etwas falsch angestrichen hätten, was jedem vernünftigen Menschen **sofort** einleuchtet („Wasser ist nass.“).

d. Der Täuschungsversuch

Der Täuschungsversuch stellt an Grundschulen ebenfalls kein großes Problem dar, zum einen durch die geringe Anzahl, zum anderen wegen der Schlichtheit der Versuche. Trotzdem will ich hier etwas dazu sagen. Denn einige Bundesländer äußern sich gar nicht zu diesem Thema und lassen ihre Lehrkräfte an den Grundschulen damit allein. Offensichtlich meint man, Täuschungsversuche würden an Grundschulen so gut wie nie vorkommen, eine Einschätzung, die heutzutage leider nicht mehr der Realität entspricht. Wenn ich hier vom Täuschungsversuch rede, meine ich noch nicht den verstohlenen Blick von Chantal auf das Blatt von Charlotte, bei dem die Schüler meist wenig Verwertbares finden. Meine Annahme ist der Schummelzettel (Spickzettel), den Sie bei einer Arbeit in Kevins Federtasche finden.

Natürlich ist es Ihre Entscheidung, wie Sie mit Täuschungsversuchen von Grundschülern umgehen, denn niemand kann Ihre Schüler und die jeweilige Situation besser einschätzen als Sie. Aber Sie sollten auch nicht ständig beide Augen zudrücken, wenn Sie jemanden beim Täuschen erwischen.

Spätestens im 4. Jahrgang finde ich es juristisch (und pädagogisch) verfehlt, den Schüler nach einem Täuschungsversuch die Arbeit noch einmal schreiben zu lassen. Denn das bedeutet, ihm eine zweite Chance unter besseren Bedingungen zu geben. Wie fragwürdig diese Variante ist, wird deutlich, wenn ein anderer Schüler ebenfalls die Arbeit noch einmal schreiben möchte, um eine bessere Note zu erzielen. Wer dies ablehnt, gibt einem redlichen Schüler, der sich verbessern möchte, keine zweite Chance, wohl aber dem Unredlichen, der betrügen wollte.

Das würden auch die Schüler nicht einsehen. Denn selbst wenn sie noch nicht strafmündig sind, haben die meisten Kinder doch einen sehr ausgeprägten Gerechtigkeitssinn. Dieser sagt ihnen, dass man nicht betrügen darf, um ein gutes Ergebnis zu erhalten. Und wer gegen diese einfache Regel verstößt, der muss harte Konsequenzen tragen, damit die Ehrlichen geschützt werden. Am einfachsten und klarsten ist es deshalb, nach einem entdeckten Schummelzettel (Spickzettel) eine Sechs zu erteilen. Das versteht jeder, und so ist es ja auch im Abitur.

Was zählt, ist der böse Wille

Von Eltern und Schülern wird manchmal argumentiert, der Schummelzettel, den man als Lehrkraft gefunden hat, habe fast keine Informationen für die Arbeit hergegeben. Das mag zwar sein, ist aber völlig unerheblich. Auch derjenige, der mit einem Gewehr auf einen anderen schießt, ihn aber per Zufall nicht trifft, wird wegen versuchter Tötung bestraft, weil er den „bösen Willen“ hatte. Schließlich versuchen wir in unserer Gesellschaft, **präventiv** tätig zu werden und sozialschädliches Verhalten bereits im Ansatz zu unterbinden und nicht erst, sobald etwas Schlimmes passiert ist.

Wenn also die Schule nicht nur der Unterrichtung dient, sondern auch einen Erziehungsauftrag besitzt, dann sollte nicht immer nur geredet und ständig ermahnt werden. Das kennen die Kinder zur Genüge von Zuhause. Um das soziale Lernen zu fördern, sollte es daher für Täuschungsversuche und andere Verstöße spürbare Konsequenzen geben.

5. Disziplinschwierigkeiten

Auch die gibt es leider in zunehmendem Maße an der Grundschule. Da viele Eltern ihren Kindern immer größere Freiräume lassen, werden die „lieben Kleinen“ immer munterer und versuchen, die Grenzen des noch zulässigen Verhaltens auszuloten.

a. Umsetzen

In Anlehnung an das, was ich vorne (I.1., S. 8) zur Sitzordnung im Klassenraum geschrieben habe, folgt nun ein kleiner Fall: In der Klasse 3b der Kollegin Nass gibt es zwei Schüler, von denen häufig Störungen ausgehen, natürlich Kevin und dessen Freund Marvin. Dabei ist Kevin die treibende Kraft, der es immer wieder gelingt, Marvin abzulenken und ihn in störende Aktivitäten zu verwickeln. Die Kollegin hat sich das einige Zeit lang angeschaut und Kevin mehrfach verwarnt, leider ohne Erfolg. Auch hat sie

Kevin angedroht, ihn separat zu setzen, falls er nicht aufhört, Marvin abzulenken und dadurch alle anderen Schüler bei ihren Tätigkeiten zu stören.

Es kommt so, wie es kommen muss: Kevin erweist sich als beratungsresistent, stört unvermindert, worauf Frau Nass entscheidet, ihn alleine an einen Extratisch in einer Ecke des Klassenraums zu platzieren. Bereits am Nachmittag erhält sie einen bitterbösen Anruf von Kevins neuem „Papa", der sich – auch im Namen der Mutter – darüber beklagt, dass Kevin nun isoliert sei. Deshalb fordern sie, die Lehrerin möge die Umsetzung wieder rückgängig machen. Die Kollegin bleibt jedoch standhaft und lässt Kevin weiter an seinem Extratisch sitzen, wodurch deutlich mehr Ruhe in die Klasse einkehrt.

Sie glaubt, die Angelegenheit sei damit erledigt, aber weit gefehlt. Einige Tage später liegt ein Anwaltsschreiben auf dem Tisch der Schulleitung, in dem gefordert wird, Kevin wieder an seinen alten Platz zu setzen. Begründet wird dies wie folgt: Kevin sei durch seinen Extratisch völlig isoliert und leide dermaßen darunter, dass er zu Hause oft bitterlich weine und gar keine Lust mehr habe, zur Schule zu gehen. Und, so der Schlusssatz des Schreibens, man überlege, wegen dieser unpädagogischen Entscheidung vor ein Verwaltungsgericht zu ziehen.

Umsetzen wird nicht juristisch überprüft

Ich kann mir mehr als eine Schulleitung vorstellen, die bei einem solchen Anwaltsschreiben einlenken und die Kollegin intensiv dahingehend „beraten" wird, Kevin doch wieder seinen ursprünglichen Platz zu geben. Aber in einem Schulrechtsbuch erfahren Sie natürlich, wie Gerichte in diesem und ähnlichen Fällen entschieden haben: Das Umsetzen eines störenden Schülers ist eine **rein pädagogische** Maßnahme, die von den Verwaltungsgerichten inhaltlich gar nicht überprüft wird. Schließlich ist das Umsetzen nur eine geringe Beeinträchtigung, da der Schüler sowohl in den Pausen als auch in der Freizeit seine Kontakte zu den Mitschülern weiterhin pflegen kann. Die Gerichte stellen auch klar, dass die Platzverteilung innerhalb einer Klasse in der pädagogischen Verantwortung **der jeweiligen Lehrkraft** liegt. Und das Umsetzen ist ein zulässiges, gebräuchliches und in der Regel auch erfolgreiches Mittel, um den Unterricht von Störungen freizuhalten. Das ist doch gut zu wissen, oder?

b. „Ich hab' mich doch nur gewehrt!"

Wenn Sie bereits einige Jahre in der Grundschule tätig sind, kennen Sie sicher den obigen Ausspruch und die ihm zugrunde liegende Situation. Worum geht es? Sie sind auf dem Pausenhof und führen Aufsicht, als plötzlich der kleine Alexander zu Ihnen kommt und sich bitter darüber beklagt, wie der große, freche Kevin ihn geschlagen hat. Sie können sich das zwar gut vorstellen, wollen aber nicht ungerecht sein. Also begeben Sie sich zu Kevin und stellen ihn zur Rede.

Kevin streitet nicht ab, Alexander geschlagen zu haben, aber er argumentiert, er habe sich nur gegen Alexander gewehrt. Das können Sie kaum glauben und so fragen Sie weiter, bis der Sachverhalt einigermaßen klar ist. Offensichtlich hat Kevin angefangen, Alexander zu beleidigen, allerdings in recht plumper Form. Irgendwann wurde es Alexander zu viel und er konterte, aber wesentlich geschickter. Eine dieser verbalen Erwiderungen muss Kevin tief getroffen haben, worauf er auf Alexander eingeschlagen hat.

Diese oder ähnliche Situationen sind typisch, wobei es für die Lehrkraft ausgesprochen schwierig ist, den Sachverhalt zu ermitteln und somit die Schuldfrage zu klären. Probleme bereitet vor allem der Satz: „Ich hab mich doch nur gewehrt!", weil dadurch der Schlag gerechtfertigt erscheint. Aber natürlich soll kein Schüler einen anderen schlagen. Wie also löst man dieses Dilemma?

Das ist gar nicht so schwierig, sobald man die Grundlagen der **Notwehr** verstanden hat, denn hierauf beruft sich Kevin, wenn auch indirekt. Der Notwehrparagraph (§ 32 StGB) erlaubt jemandem, Gewalt einzusetzen, um sich gegen einen Angreifer zu wehren. Allerdings gibt es zwei Details, die dabei wichtig sind.

Erstens: Die angewandte Notwehr darf die Schwere des Angriffs nicht deutlich übersteigen. Auf eine verbale Attacke darf man darum nicht mit dem Einsatz eines Baseballschlägers antworten. Und hiermit haben wir das erste Argument gegen Kevins vergeblichen Versuch, sein unerlaubtes Verhalten zu rechtfertigen. Selbst wenn wir einmal annehmen, die Beleidigungen seien nicht von ihm, sondern von Alexander ausgegangen, wäre körperliche Gewalt als Abwehrreaktion nicht angemessen, weil sie eine ganz andere Qualität besitzt.

Verbot der Selbstjustiz

Zweitens: Das Recht, sich mit Gewalt gegen einen Angriff zu wehren, existiert nur, **wenn keine staatliche Gewalt in der Nähe ist, die helfen könnte**. Wer also auf die Hilfe der Polizei zurückgreifen kann, um sich eines Angriffs zu erwehren, muss diesen Weg wählen. Schließlich gilt bei uns das Verbot der Selbstjustiz, das untersagt, die Durchsetzung des Rechts in die eigene Hand zu nehmen.

Nun haben wir auf den Schulhöfen zwar keine Polizei, wohl aber Lehrkräfte, die dort die Aufsicht wahrnehmen. Diese wachen dort als Teil einer staatlichen Behörde, nämlich der Schule. Wird nun ein Schüler in der Pause von einem anderen beleidigt oder in anderer Weise nicht korrekt behandelt, so muss er zunächst versuchen, mithilfe der Aufsicht führenden Lehrkraft die Gefahr abzuwenden.

Erst wenn dies nicht möglich ist oder eine akute Gefahr für das Leben besteht, ist Notwehr gerechtfertigt. Das aber liegt in der Grundschule grundsätzlich nicht vor. Vielmehr greifen Schüler wie Kevin und seine Freunde vorschnell zur übersteigerten Selbstjustiz, wodurch die Situation regelmäßig eskaliert.

Es gilt also, Schülern und Eltern klarzumachen: Die Schüler befinden sich in einem von Lehrkräften überwachten Bereich. Falls es an Ihrer Schule häufiger zu solchen Vorfällen mit dieser schiefen Argumentation kommt, empfiehlt es sich, das Ganze in schriftlicher Form an die Eltern zu reichen, damit sie ihre Kinder anweisen, keine Selbstjustiz zu üben, sondern sich bei Bedarf an die zuständige Lehrerin zu wenden.

Schüler können fast immer Hilfe durch Lehrkräfte bekommen

Gerade in der Grundschule wird es so sein, dass fast immer eine Lehrerin oder eine pädagogische Betreuerin in der Nähe ist, an die sich Schüler Hilfe suchend wenden können – aber auch wenden müssen. Weil dies so ist, gibt es für Kevin und ähnlich sozialisierte Schüler keinen Grund, andere aus vermeintlicher Notwehr zu schlagen. Es dient der Prävention, den Ausgangsfall einmal mit der Klasse durchzusprechen und die Besprechung im Klassenbuch zu vermerken, um sich später darauf berufen zu können.

c. Der Tonklumpen-Fall

Dieses Urteil ist so schön und für den Aspekt der **Kollektivstrafe** so zentral, dass man es als Lehrkraft einfach kennen muss. Worum ging es? Der Kollege Karl Rotte (Name geändert) ließ im Kunstunterricht kleine Figuren aus Ton herstellen. Kurz vor dem Ende des Unterrichts ging er in den Nebenraum, um aufzuräumen. Als er wieder in den Kunstraum zurückkam, stockte ihm der Atem: An den Wänden, zum Teil auch an der Decke, klebten kleine Tonkügelchen. Die munteren Schüler hatten seine Abwesenheit genutzt, um sich mit Tonklümpchen zu bewerfen, die allerdings ihr Ziel nicht immer trafen und deshalb überall klebten.

Kollektivstrafe?

Der Kollege Rotte fragte, wer geworfen habe, erhielt jedoch keine Antwort. In diesem Moment klingelte es, die letzte Stunde des Tages war beendet. Davon unbeirrt, ließ Rotte die Schüler nicht aus dem Raum, bevor sie ihn nicht gesäubert hatten. Einige Schüler (Kevin, Marvin und Co.) murrten, schließlich aber fingen die ersten Schüler an, Wände und Decke zu säubern. Andere folgten, nach 15 Minuten war der Raum gesäubert, worauf Rotte die Schüler nach Hause ließ.

Zwei Tage später erreichte ein wutschnaubendes Anwaltsschreiben die vorgesetzte Schulbehörde. Hierin wurden ihm schwere Vorwürfe gemacht, unter anderem Freiheitsberaubung. Wie ging der Fall aus? Ich will Sie nicht auf die Folter spannen. Das Gericht machte dem Kollegen **keinen** Schuldvorwurf. Begründung: Es sei einer Lehrkraft nicht zuzumuten, mit quasi kriminaltechnischen Methoden (DNA-Abgleich) herauszufinden, wer tatsächlich geworfen hatte. Außerdem hätten die Schüler, die vielleicht nicht geworfen hatten, die Handlung der anderen durch ihr Schweigen gedeckt und dadurch mitgetragen.

Ich ergänze an dieser Stelle gerne folgenden Aspekt. Falls Sie in eine solche Situation kommen und ähnlich handeln, sollten Sie nie von einer „Strafe" sprechen, denn Kollektivstrafen sind verboten. Nicht verboten und sogar in hohem Maße gewünscht, ist die kollektive Erziehung von Schülern. Und genau darum handelt es sich bei solchen Maßnahmen. Also:

Bitte keine Kollektivstrafe, gerne aber kollektive Erziehung!

Lassen Sie mich noch kurz auf etwas eingehen, das an vielen Grundschulen üblich ist, nämlich das sogenannte **Pausenverbot.**

Vorsicht beim Pausenverbot

Dabei wird ein Schüler, der gestört oder einen anderen Verstoß begangen hat, davon ausgeschlossen, die Pause mit seinen Mitschülern auf dem Schulhof zu verbringen. Stattdessen muss er allein im Klassenraum bleiben. Da wir unter uns sind, können wir ganz offen reden. Ich halte diese Maßnahme für sehr effektiv, aber es gibt etwas, das Sie unbedingt dabei beachten sollten: Ein Schüler hat, wie jeder Arbeitnehmer, ein Anrecht auf Pausen. Sie dürfen also diesen Schüler von den anderen isolieren, ihm aber nicht die Pause nehmen, indem sie ihm vielleicht Aufgaben geben, die er in dieser Zeit zu erledigen hat. Er muss die Möglichkeit haben, sich zu entspannen und auf die Toilette zu gehen. Und natürlich ist er auch in der Pause gelegentlich zu beaufsichtigen.

c. Mobbing

Eins der von Schülern und Eltern vermutlich am häufigsten gebrauchten Wörter ist das Zauberwort „Mobbing". Seine magische Wirkung besteht darin, dass Lehrkräfte und Schulleitung sofort erstarren, große Betroffenheit zeigen und danach in Hektik verfallen.

Sicher, es gibt Mobbing, aber nicht jede kritische Bemerkung, die von Schülern oder Eltern als Beleg angeführt wird, erfüllt diesen Tatbestand. Es gilt also zwischen dem zu unterscheiden, was umgangssprachlich schnell als Mobbing bezeichnet wird und dem, was juristisch darunter zu verstehen ist.

Das subjektive Befinden kann bereits durch kritische Bemerkungen beeinträchtigt werden, weshalb es höflich ist, im Umgang miteinander rücksichtsvoll zu sein. Vor allem Lehrkräfte an Grundschulen werden darin geschult und setzen dies regelmäßig um. Manchmal jedoch wird berechtigte Kritik derart weichgespült, dass sie für sprachlich wenig sensible Menschen kaum noch zu erkennen ist. Da wird unter die Arbeit eines Schülers, die von Fehlern übersät ist, geschrieben: „Kevin muss noch besser werden!" Dass bei einer solchen Lobkultur schon jede (berechtigte) Kritik als Schock und unpädagogisch empfunden wird, kann nicht verwundern.

Spontan oder gezielt als Strategie?

Das Hauptproblem aber sind weniger Bemerkungen der Lehrkräfte, sondern kritische Äußerungen oder ausgrenzende Verhaltensweisen der Mitschüler. Die für Mobbing entscheidende Frage ist dabei, ob diese Äußerungen lediglich jugendlich-unbedacht und spontan sind oder ob sie planvoll über einen längeren Zeitraum eingesetzt werden, um einen Außenseiter aus der Gruppe auszuschließen.

Ein großes Problem beim Mobbing ist die Beweisbarkeit von Anschuldigungen. Sie als Lehrkraft können ja nicht einfach den Behauptungen eines klagenden Schülers glauben und denen, die er beschuldigt, nicht. Sie müssen ermitteln, was schwierig ist, da diejenigen, die (vielleicht) mobben, meist zahlenmäßig überlegen sind und ihr Verhalten nicht ohne Weiteres zugeben. Zudem besteht die Technik des geschickten Mobbings ja gerade darin, in einer Grauzone zu agieren, die nicht justiziabel ist. Mit einem Mitschüler nicht spielen zu wollen oder sich als Gesprächsrunde aufzulösen, sobald ein bestimmter Schüler hinzutritt, ist zwar nicht nett, aber auch nicht verboten.

Was ich damit sagen will, ist Folgendes: Pädagogische Einwirkungen wie Gespräche mit der Gruppe sind immer sinnvoll und möglich, um gegen die Ausgrenzung von Außenseitern vorzugehen. Sobald es aber um wirklich belastende Maßnahmen (Verwaltungsakte) gegen einzelne Schüler geht, wird es schwierig. Denn Mobbing im juristischen Sinne ist ein Straftatbestand, der unter die Körperverletzung fällt. Um dies als bewiesen anzunehmen, muss jedoch ein **objektiver psychosomatischer Befund** vorliegen. Aber auch das gibt es.

Das vierte Jahr

4

Wieder einmal sind die Sommerferien vorbei und das vierte und letzte Jahr an der Grundschule beginnt für die 4b. Hinten im Raum auf den Extratischen sind zwei weitere Computer hinzugekommen, sodass dort jetzt insgesamt sechs stehen, und auf der Fensterbank befinden sich mehr Bücher als im Vorjahr. Es ist warm und das abgetretene Holzparkett riecht nach einem neuen Reinigungsmittel mit Lavendelduft. Auf der Wäscheleine, die quer durch den Raum läuft, hängen noch die gegenseitigen Verpflichtungen („Wir ärgern uns nicht") des letzten Jahres.

Aber in diesem Jahr richten sich alle Gedanken auf die Empfehlung für die weiterführenden Schulen. Dass Alexander und Charlotte sie bekommen werden, hat sich schon im letzten Jahr abgezeichnet. Weniger klar ist es bei Kevin, der wie sein Freund Marvin jetzt einen Ohrring trägt und sich die Haare jeden Morgen mit Gel stylt. Aber das modisch akzentuierte Auftreten ist nur ein Teil des Endspurts. Denn Kevins Erziehungsberechtigte nehmen jetzt, nach Zurückhaltung in den ersten drei Jahren, verstärkt Kontakt zur Klassenlehrerin auf. Immer wieder betonen sie gegenüber der ungläubigen Kollegin Nass, wie viel Kevin zu Hause für die Schule tut und wie er sich anstrengt. Sie fragen immer wieder etwas ungehalten, was er denn noch alles machen müsse, um eine Gymnasialempfehlung zu erhalten, denn er wolle doch gerne Arzt werden.

1. Personalrat/Lehrerrat

Jeder Betrieb ab einer Größe von 5 Arbeitnehmern hat das Recht, eine Personalvertretung zu wählen, die sich für die Belange der Beschäftigten einsetzt. Dies gilt natürlich auch für Schulen. Allerdings ist wegen der geringen Größe der Grundschulen der Personalrat häufig nicht direkt an der Schule, sondern aus organisatorischen Gründen – für mehrere Grundschulen zusammengefasst – meist beim örtlichen Schulamt angesiedelt.

Vertrauensperson bei Kritikgesprächen

Die Personalvertretung kann für Sie wichtig werden, falls Sie z. B. von der Schulleitung zu einem dienstlichen Gespräch gebeten werden. Handelt es sich nur um ein allgemeines Dienstgespräch, so kann die Schulleitung dies unter vier Augen führen. Wird jedoch ein **förmliches** dienstliches Gespräch geführt, in dem man Ihnen ein Fehlverhalten vorwirft, vielleicht sogar noch mit disziplinarrechtlichen Konsequenzen, dann haben Sie das Recht, eine Person Ihres Vertrauens hinzuzuziehen. Und das kann auch jemand aus dem Personalrat (Lehrerrat) sein.

Bei Disziplinarverfügungen hat der Personalrat nämlich ein **Mitwirkungsrecht,** d.h. er kann eine Maßnahme zeitweilig blockieren. Ein noch stärkeres Recht, nämlich die **Mitbestimmung**, besitzt er bei Umsetzungen, Abordnungen und Versetzungen.

In den Sprechstunden des Personalrats können die Lehrkräfte individuelle Erschwernisse darlegen und um Unterstützung bitten. Das ist für den Personalrat immer dann besonders leicht, wenn das angesprochene Problem ebenso andere Kollegen betrifft, also von allgemeiner Bedeutung ist. Dabei ist es eine wesentliche Aufgabe für den Personalrat, darauf zu achten, dass die dienstliche Gleichbehandlung der Kollegen in Bezug auf die wachsenden Belastungen eingehalten wird.

2. „Sie möchte doch so gerne Tierärztin werden!"

Was schenken Chantals Eltern ihrer Tochter, die eine knappe Realschulempfehlung erhalten hat, zum Geburtstag? Den Besuch des örtlichen Gymnasiums, dekorativ auf einen Geschenkgutschein gedruckt. Das ist leider kein Scherz. Schon zweimal wurde mir aus glaubwürdiger Quelle von solchen „Geschenken“ berichtet, wobei es einmal ein Weihnachtsgeschenk war, das der Tochter bereits vor der Empfehlung in jedem Fall den Gymnasialbesuch zusicherte. Stolz und entspannt ging die Betreffende nach den Weihnachtsferien wieder zur Schule und in die letzten Leistungskontrollen, weil sie wusste, dass die Entscheidung der Schule keine Rolle mehr spielen würde.

Diese auf den ersten Blick preiswerten Geschenke sind möglich, weil in vielen Bundesländern den Eltern die letzte Entscheidung darüber zusteht, welche Schule ihr Kind besuchen wird. Trotzdem versuchen die Eltern natürlich über Gespräche mit den Lehrkräften, eine möglichst hochwertige Empfehlung für ihr Kind herauszuholen.

Der Trick mit dem Berufswunsch

Als Begründung wird manchmal die Überschrift angeführt, indem geschickt ein ganz starker sozial wertvoller Berufswunsch (des zehnjährigen Kindes!) formuliert wird, der eben nur mit einer Gymnasialempfehlung zu erreichen ist. Und wer kann da schon als mitfühlender Pädagoge nein sagen? Nur wenige. Aber für diejenigen Kolleginnen, die ihre Empfehlungen aus gutem Grund der Eignung der Schüler entsprechend zuweisen, folgt jetzt das Juristische.

Immer, wenn mit der Empfehlung rechtliche Folgen verknüpft sind, handelt es sich dabei um einen **Verwaltungsakt.** Bleibt also ein Schüler mit Gymnasialempfehlung sitzen und darf das Jahr dort wiederholen, einer mit Realschulempfehlung muss aber diese Schulform verlassen, dann hat die Empfehlung letztlich doch rechtliche Auswirkungen und ist damit ein Verwaltungsakt. Jetzt enthüllen wir, was sich hinter diesem zentralen Begriff des Schulrechts verbirgt:

Ein Verwaltungsakt ist
- **eine Entscheidung von erheblichem Gewicht,**
- **die eine Behörde**
- **in einem Einzelfall**
- **mit Rechtswirkung nach außen fällt.**

Der Knackpunkt liegt regelmäßig in der Frage, was denn „erheblich“ ist. Dabei ist das für Juristen ganz einfach: Erheblich ist das, was **rechtlich** erheblich ist, was also rechtliche Auswirkungen hat. Und wenn Charlotte die Klasse am Gymnasium wiederholen darf, Chantal aber nicht, dann hat die Empfehlung rechtliche Auswirkungen. Das wissen auch die Eltern, deshalb kämpfen sie ja auch mit allen Mitteln um die beste Empfehlung für ihr Kind.

Alles was „unterhalb" eines Verwaltungsakts liegt, darf von den Schulbehörden abschließend überprüft werden, z.B. durch eine Beschwerde (siehe IV,5, S. 94 f.), die akzeptiert oder zurückgewiesen wird. Verwaltungsakte jedoch können, nach einem erfolglosen Widerspruchsverfahren, gerichtlich überprüft werden. Weil dies so ist, müssen die Empfehlungen, sofern sie sich **nicht** für das Gymnasium aussprechen, juristisch „wasserdicht" sein.

Das erklärt den riesigen Aufwand im Vorfeld, in dem immer wieder informiert, beraten und gefördert werden muss. Dieser große Aufwand hat für die Schulbehörde zudem den Vorteil, dass die vielen Vorgaben von den Lehrkräften eigentlich kaum zu erfüllen sind. Bei einem Widerspruch gegen eine unliebsame Empfehlung der Schule wird man also relativ schnell fündig und entdeckt mindestens ein formales Versäumnis der Schule, was dann eine elternfreundliche Entscheidung legitimiert.

3. Annahme von Geschenken

Vor einiger Zeit war ich an einer Grundschule zwecks einer schulrechtlichen Fortbildung und wurde mit folgender Frage konfrontiert: Ist es in Ordnung, wenn die Klassenlehrerin am Ende der vierten Klasse von den Schülern bzw. von deren Eltern einen Wochenendtrip nach London für sich und ihren Mann geschenkt bekommt?

Ich hielt das Ganze für einen Scherz und erkundigte mich harmlos nach dem ungefähren Wert dieser netten Aufmerksamkeit. Während das Kollegium mir mitteilte, die gesamte Reise habe etwa 400 Euro gekostet, wurde mir klar, dass es keine Scherzfrage war. Das Ganze war bereits passiert und nun wollte man von mir eine nachträgliche Billigung. Ich weiß ja nicht, was Sie davon halten, aber die Annahme eines Geschenks in einer solchen Höhe ist selbstverständlich unzulässig.

Und damit sind wir bei einem weiteren Thema, das für Grundschulen größere Brisanz besitzt als für die weiterführenden Schulen. Bei letzteren ist das Verhältnis von Schülern zu Lehrern längst nicht so intensiv wie an einer Grundschule. Dort hat die Klassenlehrerin quasi die Funktion einer Ersatzmutter und stellt die Weichen für die weitere schulische Laufbahn. Aus dieser besonderen Situation resultieren häufigere und aufwändigere Geschenke.

Geschenke sind grundsätzlich unzulässig

Sie sind über 18 und leben in einem freien Land, können also tun oder lassen, was Sie wollen. Aber die rechtliche Situation ist relativ eindeutig: Grundsätzlich dürfen Lehrkräfte keine Geschenke annehmen. Allerdings bedeutet das kleine Wörtchen „grundsätzlich", das Juristen sehr gerne benutzen, dass neben dem Regelfall auch Ausnahmen möglich sind.

Bis 10 Euro erlaubt

In vielen Jahren der Rechtsprechung haben die Gerichte sinngemäß herausgestellt, man möge bei diesem Verbot doch bitte nicht übertreiben. Das bedeutet, es gibt Geschenke, deren Wert so gering ist, dass man sie annehmen darf. Diese sogenannte **„Bagatellgrenze“** liegt bei 10 Euro – allerdings nicht pro Schüler! Vielmehr gilt dieser Wert pro Klasse und Schuljahr.

Um einen weiteren Aspekt zu verdeutlichen, lassen Sie mich unsere Kollegin Anna Nass nehmen, die von ihrer Klasse zum Abschluss einen Blumenstrauß bekommt, der 12,50 Euro gekostet hat. Wäre es ein USB-Stick gewesen, hätte sie dieses Geschenk ablehnen müssen. Der Blumenstrauß jedoch ist ein Geschenk mit einem geringen **Gebrauchswert**, weil er nach etwa einer Woche verwelkt ist. Ein geringfügiges Überschreiten der Bagatellgrenze ist deshalb noch zu akzeptieren.

In vielen Bundesländern kann die Schulleitung ein Geschenk bis 50 Euro genehmigen, wenn dies von der Lehrkraft schriftlich beantragt und begründet wird. Darüber hinaus ist aber endgültig Schluss. Oder man bittet um die Genehmigung der obersten Schulbehörde, die es aber kaum geben wird.

Während Sie diese Zeilen lesen, kann ich mir schon ausmalen, was in Ihrem Kopf vorgeht. Man möchte als Lehrkraft nicht unhöflich sein und die Eltern nicht vor den Kopf stoßen, die sich so dankbar zeigen. Insbesondere von ausländischen Eltern wird das Ablehnen eines Geschenkes für unhöflich erklärt.

Das stimmt so allerdings nicht, bzw. es stimmt nur bei Privatpersonen, die man z. B. zum Essen einlädt. Auch in anderen fernen Kulturkreisen werden **Behördenvertretern keine Geschenke** gemacht. Und wenn es doch geschieht, dann mit entsprechenden Hintergedanken. Deshalb greift das Argument des anderen Kulturkreises bei Schulen und anderen Behörden nicht.

Wer folglich als Lehrkraft solch kostspielige Geschenke annimmt, der verstößt gegen das Beamtengesetz und begeht ein Dienstvergehen. Aber auch angestellten Lehrkräften verbietet der Arbeitsvertrag regelmäßig die Annahme solcher Geschenke.

Spätestens am Ende des zweiten Jahres werden Sie mit dieser Problematik konfrontiert, weil die Eltern sich darüber klarwerden, dass **Sie** maßgeblich über die Empfehlung für die weiterführende Schule entscheiden. Und darum möchte man Ihnen doch zeigen, wie nett Sie sind und wie gerne die Kinder Sie haben.

Welche Auswege gibt es nun? Der erste besteht darin, sich die Genehmigung der Schulleitung bzw. der vorgesetzten Dienstbehörde zu holen. Stimmen diese zu, so ist alles im grünen Bereich, aber das ist selten. Damit kommen wir zur zweiten Möglichkeit. Sie besteht darin, das Geschenk nicht persönlich zu nutzen, sondern es z. B., quasi als Spende, der Schule insgesamt zukommen zu lassen. Denn hierdurch wird der Vorwurf, sich persönlich bereichert zu haben, entkräftet. Bei einer Londonreise für zwei Personen ist das allerdings nicht möglich.

Exkurs: Beschwerde, Widerspruch und Klage

Die Fünf in einer Klassenarbeit ist – anders als die Empfehlung für die weiterführende Schule – **kein** Verwaltungsakt und kann deshalb nicht mit Widerspruch und Klage angefochten werden.

Schüler bzw. ihre Eltern können sich aber bei der Schule **beschweren.** Richtet sich die Beschwerde gegen die Note einer Lehrkraft, so handelt es sich um eine **„Notenbeschwerde“**, so der juristische Terminus.

Beschweren kann man sich immer

Überhaupt kann sich jeder beschweren, falls er meint, von einer Behörde falsch behandelt worden zu sein. Dieses Petitionsrecht ist bei uns so zentral, dass es im Grundgesetz (Art. 17) festgeschrieben ist. Und da die Schule ebenfalls eine Behörde ist, können sich unzufriedene Eltern gegen (oder über) jede schulische Entscheidung beschweren, weshalb dieses Grundrecht ja auch ausgiebig wahrgenommen wird.

Allerdings sagt die Zulässigkeit einer Beschwerde nichts darüber aus, ob die Beschwerde **begründet** ist. Sie muss aber entgegengenommen, intern geprüft und beantwortet werden, z. B. indem sie zurückgewiesen wird.

Die (Fach)Aufsichtsbeschwerde:

Die **Aufsichtsbeschwerde** (bitte nicht verwechseln mit der Dienstaufsichtsbeschwerde!) ist gerichtet an die Schulleitung oder die übergeordnete Schulbehörde, mit der Aufforderung, die Sachentscheidung der Lehrkraft zu überprüfen.

Die Chancen der Eltern sind bei diesem Schritt nicht schlecht. Denn wenn von einer Lehrkraft ein Fehler gemacht wurde, warum sollte man das nicht zugunsten des Schülers korrigieren? Das Entgegenkommen der Schulleitung (der Schulbehörde) ist besonders ausgeprägt, sobald die Eltern andeuten, notfalls weitere Schritte zu unternehmen. Denn in vielen Schulbehörden wird aus diversen Gründen nach dem Prinzip verfahren: „Bloß keine juristischen Auseinandersetzungen! Notfalls müssen Schule und Lehrkraft die Entscheidung eben schülerfreundlich abändern.“

Die Dienstaufsichtsbeschwerde:

Nun zu einem Rechtsbehelf, der sehr ähnlich klingt, aber ganz etwas anderes darstellt, nämlich die **Dienstaufsichtsbeschwerde**. Sie ist keine inhaltliche Kritik einer Sachentscheidung, sondern eine Kritik am dienstlichen Verhalten eines Beamten, gerichtet wieder an dessen Vorgesetzten. Es geht hier also um das **Wie** des Lehrerverhaltens.

Wer also Eltern von oben herab „abkanzelt", indem man sie bei einer berechtigten Frage wie dumme Jungen behandelt, der darf mit einer Dienstaufsichtsbeschwerde rechnen.

Während man eine Aufsichtsbeschwerde nur einlegen kann, sofern wenn man **selbst betroffen** ist, gilt das nicht für die Dienstaufsichtsbeschwerde. Sie kann also auch von Nichtbetroffenen eingereicht werden, wenn diese mitbekommen, wie eine Lehrkraft sich einem Schüler gegenüber nicht korrekt verhält.

Beide Beschwerdearten sind **formlose** Rechtsbehelfe.

- Sie sind an keine besondere Form der Mitteilung
- und an keine Frist gebunden.

Förmliche Rechtsbehelfe

Daneben können unzufriedene Eltern aber auch **förmliche** Rechtsbehelfe einlegen, wofür jedoch ein **Verwaltungsakt** der Schule vorliegen muss. Allerdings können Eltern nicht sofort gegen belastende Verwaltungsakte klagen, sondern ein **Vorverfahren**, das sogenannte **Widerspruchsverfahren**, ist vorgeschaltet. Das soll verhindern, die Gerichte mit belanglosen Klagen zu überschütten. Und es funktioniert, indem die Rechtmäßigkeit der meisten angefochtenen Verwaltungsakte bereits im Vorfeld geklärt wird. Bei einem Widerspruch, z.B. gegen eine Nichtversetzung, muss zunächst die Schule darüber entscheiden. Dazu führt sie eine sogenannte **Abhilfeprüfung** durch: Sie prüft also, ob man dem Widerspruch nicht abhelfen kann.

Entweder wird dem Widerspruch der Eltern stattgegeben oder die Ablehnung hält sie in der Mehrzahl der Fälle davon ab, weitere Schritte zu unternehmen.

Eine **Klage** ist erst zulässig, nachdem der Widerspruch zurückgewiesen wurde. In schulischen Dingen wird sie vor dem Verwaltungsgericht geführt, da die Schule zum (besonderen) Verwaltungsrecht gehört. Im Verwaltungsprozess werden nicht nur beide Parteien gehört, sondern darüber hinaus versucht das Gericht, sich selbst ein Bild von der Angelegenheit zu machen.

Nach diesem Beweisverfahren kommt das Gericht zu einer Entscheidung, die in der Regel zu einem **Urteil** führt. Manchmal genügt aber ein **Beschluss**. Dieser macht dem Gericht weniger Arbeit und ergeht häufig in Fällen, die das Gericht für nicht so bedeutsam hält. In wichtigen Fällen ergeht ein Urteil, was für das Gericht aufwändiger ist, weil es in einer bestimmten Form (schriftlich verfasst) abgegeben werden muss.

4. Umgang mit schwierigen Eltern

Sobald es um Benotungen geht, manchmal aber auch schon vorher, werden Lehrkräfte aufgefordert, zu begründen, warum sie diese oder jene Entscheidung gefällt haben. Das ist das gute Recht der Eltern, und natürlich müssen Sie darauf antworten. Werden bei diesen Fragen jedoch Vergleiche zu anderen Schülern gezogen, zu denen Sie Stellung nehmen sollen, sieht es schon anders aus.

Eine typische Frage könnte lauten: „Sie haben unserem Kevin nur eine Realschulempfehlung gegeben, warum aber seinem Freund Marvin eine Gymnasialempfehlung? Die beiden sind doch nun wirklich gleich gut, das sagen auch alle anderen Schüler. Erklären Sie mir das mal!"

Als der Datenschutz noch nicht alles überlagerte, hätte man auf diese Frage inhaltlich eingehen müssen. Nun aber brauchen bzw. dürfen Sie auf diese geforderten Vergleiche nicht mehr einzugehen, weil alle persönlichen Informationen dem Datenschutz unterliegen. Und dazu gehört natürlich auch die bessere Empfehlung, die Sie Marvin gegeben haben.

Das bedeutet: Jeder Schüler bekommt nur seine Benotung erklärt, darüber hinaus gibt es jedoch keine Informationen, sondern nur folgenden Satz: „Aus Datenschutzgründen kann ich keine Informationen über andere Schüler geben." Und so verkürzt der Datenschutz manche unangenehme Diskussion und nimmt schwierigen Eltern den Wind aus den Segeln. Und dafür ist man ja manchmal recht dankbar.

Das war der Versuch, die wichtigsten schulrechtlichen Informationen für die Grundschule kurz und verständlich zusammenzufassen.

Wenn Ihnen etwas nicht gefallen hat, sagen Sie es mir. Wenn es Ihnen gefallen hat, sagen Sie es anderen.

Mit den besten Grüßen
Günther Hoegg

Sorgerechtserklärung

Diese Erklärung ist notwendig, damit die Schule weiß, wen sie bei wichtigen Entscheidungen zu informieren hat.
Bevor Sie den Bogen ausfüllen, überlegen Sie bitte, ob

- **beide** Eltern gemeinsam das Sorgerecht ausüben (Nr. 1)
- oder ob **nur ein** Elternteil das Sorgerecht hat (Nr. 2).

Sie müssen also nur 1. oder 2. ausfüllen.

Kind (Name, Vorname): ______________________________

1. Gemeinsames Sorgerecht
Wir haben gemeinsam das Sorgerecht für unser Kind.
Jeder von uns soll bevollmächtigt sein, auch alleine
☐ Informationen entgegenzunehmen.
☐ Entscheidungen über das Kind zu treffen.

Das Kind wohnt in mehr als der Hälfte der Schulzeit
☐ in unserer gemeinsamen Wohnung.
☐ in der Wohnung des Vaters.
☐ in der Wohnung der Mutter.
Die Wohnung befindet sich in (Wohnort, Straße): ______________________________

1a. Sorgerecht bei neuer Beziehung, Wiederheirat bzw. Adoption
In diesem Fall gibt es maximal 3 Erziehungsberechtigte.
Nach der Trennung vom anderen Elternteil lebe ich zusammen mit:
Name, Vorname: ______________________________
☐ Wir leben mit meinem Kind in der gemeinsamen Wohnung.
☐ Wir leben ohne Heirat zusammen.
☐ Wir haben geheiratet.
☐ Mein neuer Partner hat das Kind adoptiert.

____
Datum und Unterschrift der Erziehungsberechtigten

2. Sorgerecht nur durch ein Elternteil
Das alleinige Sorgerecht liegt bei (Name, Vorname) ______________________________
Das Kind wohnt mehr als die Hälfte der Schulzeit bei (Name,Vorname): ______________________________

____

Die Wohnung befindet sich in (Wohnort, Straße): ______________________________

____

____
Datum und Unterschrift des sorgeberechtigten Elternteils

Kopiervorlage 2

Einwilligung zu Fotos und Filmaufnahmen

Bei diesem Formular geht es darum, ob und in welchem Maße Sie der Schule erlauben, Fotos/Filmaufnahmen von Ihrem Kind zu machen.
Manchmal gibt es in der Schule Situationen, in denen Schüler fotografiert bzw. gefilmt werden sollen (Klassenfeste, Schulwettbewerbe), um schulische Aktivitäten zu dokumentieren oder nach außen positiv darzustellen. Das ist aber nur mit Ihrer Einwilligung (bzw. der Ihres Kindes) möglich.
Falls Sie nicht einwilligen, entstehen Ihrem Kind daraus keinerlei Nachteile. Bitte kreuzen Sie das Entsprechende an (mehrere Kreuze sind möglich!) und unterschreiben Sie dann das Formular.

Name, Vorname des Kindes: ______________________________, Klasse ____________

☐ **Mein Kind** darf selbst entscheiden, ob es fotografiert bzw. gefilmt werden will.

☐ Ich erlaube der Schule, Fotos von meinem Kind zu machen und diese schulintern (ohne Homepage) zu nutzen, z. B. für ein Jahrbuch.
☐ Dies soll auch für schulische Filmaufnahmen (z. B. im Sportunterricht) gelten.
☐ Die Fotos meines Kindes, z. B. von Wettbewerben, dürfen auch an die örtliche Presse weitergegeben werden.
☐ Auch der Name meines Kindes darf zu den Fotos genannt werden.
☐ Ich bin damit einverstanden, dass Fotos meines Kindes auf der Homepage der Schule veröffentlicht werden. **Hinweis:** Informationen auf Homepages können weltweit gesucht und abgerufen werden.

☐ **Ich möchte nicht**, dass in der Schule Fotos oder Filmaufnahmen von meinem Kind gemacht werden.

Die oben getroffenen Entscheidungen kann ich jederzeit schriftlich widerrufen.

Ich werde meine Entscheidung mit meinem Kind besprechen. Mein Kind wird die Lehrkraft ggf. daran zu erinnern, wenn es nicht fotografiert/gefilmt werden soll.

____________   ______________________________
Datum   Unterschrift

Benachrichtigung der Eltern

(Kopf der Schule, der Lehrkraft)

Sehr geehrte Frau ______________________________,

Sehr geehrter Herr ______________________________,

ich muss Ihnen als Erziehungsberechtigte leider mitteilen, dass Ihr Kind ______________ in der Schule wiederholt aufgefallen ist, weil es

☐ zu spät zum Unterricht erschienen ist,
☐ Unterrichtsstunden versäumt hat,
☐ seine Hausaufgaben nicht gemacht hat,
☐ seine Arbeitsmaterialien nicht dabei hatte.

Wie Sie vermutlich wissen, sind die Erziehungsberechtigten für die Erziehung Ihrer Kinder verantwortlich (Art. 6 II GG). Im Rahmen der gesetzlichen Schulpflicht haben Sie deshalb dafür zu sorgen, dass Ihr Kind regelmäßig am Unterricht teilnimmt und zu diesem pünktlich erscheint. Auch müssen Sie es mit den notwendigen Arbeitsmaterialien ausstatten. Ferner sollten Sie darauf achten, dass Ihr Kind die aufgegebenen Hausaufgaben anfertigt.
Wir, d.h. die Lehrkräfte der Schule, sind gerne bereit, Ihr Kind so gut wie möglich auszubilden. Das geht aber nur, wenn Sie uns dabei unterstützen, indem Sie mit Ihrer Autorität in Zukunft dafür sorgen, dass Ihr Kind die schulischen Regeln befolgt.

Mit freundlichen Grüßen

____

Bitte bestätigen Sie auf dem unteren Abschnitt, dass Sie von dieser Mitteilung Kenntnis genommen haben und lassen Sie mir den Abschnitt über Ihr Kind wieder zukommen.

✂ -

Hiermit bestätige ich, dass ich vom Fehlverhalten meines Kindes Kenntnis erhalten habe.

______________________	______________________
Ort, Datum	Unterschrift

Quick-Check: Legasthenie

Lese- und Rechtschreibschwäche (Legasthenie) taucht in der Regel zwischen dem 2. und 4. Schuljahr auf bzw. wird dort festgestellt.

Da die betroffenen Schüler ihre Defizite selbst spüren, können auch andere abweichende Verhaltensweisen als Kompensation auftauchen. Die Vorstellung, man müsse nur lange genug (nach traditionellen Methoden) üben, beseitigt das Problem nicht. Deshalb sollte eine individuelle Förderung so früh wie möglich erfolgen.
Gute Noten bei geübten Diktaten besagen nichts, da die Schüler oft auswendig lernen.
In jedem Fall sollte überprüft werden, ob eine Hör- oder Sehschwäche (auch mit Brille!) vorliegt.
Allgemein lässt sich bei diesen Schülern eine geringere Merkfähigkeit feststellen.

Aber nun zu den wichtigsten Symptomen:

Lesen:

☐ stockendes Lesen (buchstabenweise oder silbenweise)

☐ Verfolgen der Buchstaben mit dem Finger

☐ Zusammenziehen von Lauten fällt schwer

☐ Überspringen von Wortteilen (oder Worten)

☐ Verrutschen um eine Zeile

Schreiben:

☐ verkrampfte Haltung beim Schreiben

☐ wechselnde Schreibung desselben Wortes, keine Fehlerkonstanz

☐ Fehler auch beim Abschreiben von Texten

☐ lautgetreue Schreibung des Gehörten (färtich statt fertig)

☐ fehlende Verdoppelung von Konsonanten (wolen statt wollen)

☐ Verwechslung ähnlicher Buchstaben (plau statt blau) d–t, g–k, b–p

☐ dabei wird häufig der härtere (klarere) Laut genommen

☐ Vertauschen von Buchstaben (Fabirk statt Fabrik)

Kopiervorlage 4b

Quick-Check: Dyskalkulie

Auch diese Schwäche taucht in der Regel zwischen dem 2. und 4. Schuljahr auf bzw. wird dort festgestellt.
Da die betroffenen Schüler ihr Defizit selbst spüren, können abweichende Verhaltensweisen als Kompensation auftauchen.
Auch hier gilt: Die Vorstellung, man müsse nur lange genug (nach traditionellen Methoden) üben, beseitigt das Problem nicht.
Deshalb sollte eine individuelle Förderung so früh wie möglich erfolgen. Auch hier sollte überprüft werden, ob eine Sehschwäche (auch mit Brille!) vorliegt.
Allgemein lässt sich bei diesen Schülern ebenfalls eine geringere Merkfähigkeit feststellen.

Aber nun zu den wichtigsten Symptomen:

- ☐ es wird gezählt, anstatt zu rechnen (bei Plus und Minus)
- ☐ beim Würfeln werden hohe Augenzahlen abgezählt
- ☐ dabei werden oft die Finger benutzt
- ☐ Schwierigkeiten beim Rückwärtszählen
- ☐ Nachbarzahlen können nicht benannt werden
- ☐ häufiges Verrechnen um 1
- ☐ Verwechslung ähnlicher Ziffern (6 statt 9)
- ☐ schriftliche Zahlendreher (64 statt 46)
- ☐ verdrehtes Lesen von Zahlen (56 wird zu fünfundsechzig)
- ☐ Probleme beim Übergang (34 – 5 = 31, weil 5 – 4 = 1 ist)
- ☐ Verwechseln von Rechenoperationen (7 – 3 = 10)
- ☐ Wert von Zehner- oder Hunderterziffern wird nicht verstanden
- ☐ die Hälfte oder das Doppelte können nicht angegeben werden
- ☐ Schwierigkeiten bei Textaufgaben

Kopiervorlage 5a

Checkliste: Organisation einer Klassenfahrt

Vorgang	Erledigt?
Besprechung mit der Klasse: Ziel, Kosten und Rahmenbedingungen festlegen	
Elternabend: etwaige Kosten, falls alle mitfahren. Freizeit, Nachtruhe, mögliche Verstöße und Regeln für das Zurückschicken festlegen	
Liste verteilen, was mitgenommen werden muss und was nicht mitgenommen werden darf (sehr wertvolle Dinge)	
Gesundheitsbogen (Krankenkasse) verteilen und wieder einsammeln	
Einwilligung für den **medizinischen Notfall** unterschreiben lassen	
Elternbrief: Zusammenfassung der Absprachen des Elternabends für abwesende Eltern, dabei auf gesondertem Abschnitt:	
Verbindliche Zusage der Teilnahme, Anzahlung (25 %) bis Termin xyz, Übernahme der Kosten bei überraschendem Rücktritt	
Einwilligungen für mögliche Freizeitaktivitäten, und zwar nicht pauschal, sondern präzise, z. B. für Schwimmbad. Bei gefahrgeneigten Tätigkeiten handschriftlich vor die Unterschrift setzen lassen: „Gelesen und akzeptiert."	
Zusagen von allen Schülern bzw. Eltern erhalten?	
Antrag auf **Genehmigung** der Fahrt bei Schulleitung	
Unverbindliche Reservierung der Reise beim Veranstalter. Gibt es in der Unterkunft abschließbare Schränke für Wertsachen?	
Anzahlung von allen Schülern eingegangen?	
Dann **Vertragsabschluss** mit Veranstalter über Schulleitung	
Reiserücktrittskostenversicherung abschließen	
Zimmerbelegung planen bzw. verteilen	
Liste mit **Telefonnummern** der Eltern anlegen	
Sind bis 6 Wochen vor Reisetermin die **Restzahlungen** eingegangen?	

Information zur Klassenfahrt

Sehr geehrte Eltern,
nach dem Elternabend hier noch einmal die wichtigsten Punkte:

A. Reisetermine: Fahrt mit dem Busunternehmen xyz
Abfahrt: Montag, tt.mm.jj, hh.mm Uhr, Abfahrtsort: xyz
Rückkehr: Freitag, tt.mm.jj, gegen hh.mm Uhr, Ankunftsort: xyz
Etwa 1 Stunde vor unserer Ankunft werden Sie telefonisch benachrichtigt.

B. Checkliste:
Die Kinder müssen mitnehmen:
- Gesundheitskarte (bzw. Krankenschein und Impfpass)
- Handtücher und Waschzeug
- Sonnenschutz (mind. Sonnenschutzfaktor 20)
- warme, wetterfeste Kleidung, d.h. Mütze, Handschuhe, Unterhemden zum Unterziehen, Pullover, warme Socken, möglichst wasserfeste Schuhe, warme Jacke und warme Hose
- Taschengeld (ca. xx Euro)
- Klassenfahrtmappe (mit Infoblättern usw.)
- notwendige Medikamente, Pflaster, Salben, Tropfen u.Ä.
- Vorhängeschloss zum Abschließen des Kleiderschranks
- Reiseproviant

Empfohlen wird die Mitnahme:
- eines kleinen Rucksacks (für Picknick)
- von Müsli-/Schokoriegeln o.Ä. für den kleinen Hunger zwischendurch
- von Hausschuhen und/oder Badelatschen

Außerdem können die Kinder mitnehmen:
- Fotoapparat, Lektüre, Karten und Gesellschaftsspiele, MP3-Spieler o.Ä., Taschenlampe, Badezeug, Schlittschuhe

Es werden nicht mitgenommen:
- Lautsprechergeräte, Sachen von sehr großem Wert (z.B. Smartphones)

C. Unser Aufenthaltsort: xyz
In dringenden Notfällen können Sie uns (zwischen 7.00 Uhr und 23.00 Uhr) über unsere Handys erreichen: xyz oder xyz.

Bitte geben Sie die beigefügten Seiten (Einverständniserklärung zur Klassenfahrt, Gesundheitsbogen und die Zustimmung zur ärztlichen Versorgung im Notfall) ausgefüllt und unterschrieben zurück.
Sollten Sie noch Fragen haben, können Sie sich gern an uns wenden.

Mit freundlichen Grüßen

____

Kopiervorlage 5c

Einverständnis zur Klassenfahrt

Name des Kindes: ______________________________

1. Empfangsbestätigung
Der Informationsbrief zur Klassenfahrt der Klasse xyz vom xyz bis xyz nach xyz ist mir zugegangen. Die auf dem Elternabend beschlossenen Regeln habe ich zur Kenntnis genommen.

2. Disziplinverstöße
Ich akzeptiere, dass mein Kind bei schweren Verstößen gegen die Disziplin (z. B. Alkoholkonsum; Aufenthalt im Zimmer des anderen Geschlechts nach Zapfenstreich, unerlaubtes Entfernen) oder gegen die Anweisungen der Aufsichtspersonen mit der Heimreise rechnen muss. Ich verpflichte mich, für mein Kind (und eventuell eine Begleitperson) die **Kosten der Rückreise** zu übernehmen.

____
Datum, Unterschrift eines/einer Erziehungsberechtigten

3. Allg. Einverständniserklärung (Nicht Zutreffendes bitte streichen)
Ich bin damit einverstanden/nicht damit einverstanden, dass mein Kind sich während der Klassenfahrt zeitweise ohne Aufsicht durch die begleitenden Lehrkräfte in einer Kleingruppe (mind. 3 Schüler/innen) aufhalten darf.

____
Datum, Unterschrift eines/einer Erziehungsberechtigten

3.1 Einverständniserklärung
Hiermit erlaube ich meinem Kind, dass es während der Klassenfahrt in der Freizeit ohne Aufsicht durch die begleitenden Lehrkräfte in einer Kleingruppe (mind. 3 Kinder)
______________________________ darf.

____
Datum, Unterschrift eines/einer Erziehungsberechtigten

3.2 Einverständniserklärung
Ich bin einverstanden, dass mein Kind während der Klassenfahrt in der Freizeit **ohne Aufsicht der begleitenden Lehrkräfte** in einer Kleingruppe (mind. 3 Kinder) ein öffentliches Schwimmbad besucht. Es besitzt folgendes Schwimmabzeichen: ______________

____
Datum, Unterschrift eines/einer Erziehungsberechtigten

Kopiervorlage 5d

Gesundheitsbogen (vertraulich)

Die folgenden Informationen dienen in einem Notfall dem Wohl Ihres Kindes und werden von der Schule vertraulich behandelt.

Name des Kindes: ______________________________

a. Mein Kind hat folgende **Krankheit(en)** (z. B. Herz-Kreislaufschwäche, Diabetes, Epilepsie, Allergie, Bluter):

____

____

Es benötigt **regelmäßig** folgende Medikamente: ______________________________

Es benötigt **im Notfall** folgendes Medikament: ______________________________

Ich bitte hierbei, auf Folgendes zu achten (eventuell Rückseite benutzen):

____

____

b. **Tetanusnachweis:** Ein Impfschutz liegt vor: ja / nein / weiß nicht

c. Unser Kind ist **krankenversichert** bei: ______________________________

Unser Hausarzt ist: ______________________________

Seine Adresse: ______________________________

Seine Telefonnr.: ______________________________

d. Im **Krankheitsfall** bitte benachrichtigen:

Name: ______________________________

Adresse: ______________________________

Telefon: ______________________________

Handy: ______________________________

E-Mail: ______________________________

Wann/wo zu erreichen: ______________________________

____

Gesundheitliche Änderungen teile ich der Schule unverzüglich mit.

____

Datum, Unterschrift eines/einer Erziehungsberechtigten

Kopiervorlage 5e

Erstversorgung, Medikamente, Krankentransport

1. Einwilligung Erstversorgung

Ich bin damit einverstanden, dass die Lehrkräfte der Schule (oder das Sekretariat) bei leichten Verletzungen mein Kind versorgen, z. B.

☐ ein Pflaster aufkleben,
☐ einen vorläufigen Verband anlegen,
☐ eine Zecke entfernen.

____

Unterschrift

2. Aushändigung von Medikamenten

Ich bin einverstanden, dass die betreuende Lehrkraft meinem Kind das folgende Medikament aushändigt: ________________________________

Ich habe zur Kenntnis genommen: Bei der Aufbewahrung des Medikaments handelt es sich um eine **reine Gefälligkeit, die keine Ansprüche** gegen die Lehrkraft bzw. die Schule begründet.

Es wird kein Verwahrungsvertrag geschlossen und die Bereitschaft, das Medikament auszuhändigen, bedeutet **nicht die Übernahme eines Auftrags.** Mir ist bewusst, dass die Lehrkraft es auch einmal vergessen kann, meinem Kind das Medikament auszuhändigen bzw. es an die Einnahme zu erinnern. Ich bin bereit, dieses Risiko zu tragen.

(Handschriftlich darunter : „Gelesen und einverstanden")

____

„Gelesen und einverstanden" Datum, Unterschrift

3. Verhalten im Krankheitsfall

a. Für den Fall, dass mein Kind sich krank fühlt, aber niemand zu Hause ist, soll wie folgt verfahren werden: Mein Kind soll

☐ eigenständig nach Hause kommen.
☐ bis zum Ende des Unterrichts in der Schule bleiben.
☐ auf meine Kosten mit dem Taxi nach Hause gebracht werden.
☐ Sonstiges: ________________________________

b. Bei Verdacht auf **schwerwiegende** Verletzungen bzw. Erkrankungen soll mein Kind zum Arzt (bzw. Krankenhaus) gebracht werden. Bitte ankreuzen: Für den Transport

☐ soll immer ein Krankenwagen angefordert werden.
☐ kann auch ein Taxi genommen werden.
☐ Sonstiges: ________________________________

____

Datum, Unterschrift

Kopiervorlage 5f

Zustimmung zu ärztlicher Versorgung im Notfall

Ich, ____
(Name, Vorname der/des Erziehungsberechtigten)

Straße: ____

Wohnort: ____

Tel. privat: ____________________ Tel. dienstl.: ____________________

Krankenversicherung: ____________________ Mitgliedsnummer: ____________________

erteile für den Fall, dass ich während der Klassenfahrt nicht zu erreichen sein sollte, den Verantwortlichen der Fahrt die Erlaubnis, **nach Hinzuziehung eines Arztes** meinem Kind jede medizinische Versorgung zukommen zu lassen, die im Falle eines Unfalls, eines dringenden chirurgischen Eingriffs, einer ansteckenden Krankheit oder jeder anderen schweren Erkrankung notwendig sein könnte.

Name und Vorname des Kindes: ____

Geburtsdatum: ____________________ Geschlecht: ____________________

Während meiner Abwesenheit im Notfall zu benachrichtigen:

Name, Vorname, Verwandtschaftsverhältnis: ____

Straße: ____

Wohnort: ____

Tel. privat: ____________________ Tel. dienstl.: ____________________

Ich verpflichte mich, dem Verantwortlichen die medizinischen und pharmazeutischen Kosten zu erstatten, die für die Behandlung meines Kindes ausgegeben wurden, sofern sie nicht von der Krankenkasse erstattet werden.

____

hier: *„gelesen und einverstanden"* hier: Datum, Unterschrift

(Der Unterschrift **muss** die ***handschriftliche*** Formulierung ***„gelesen und einverstanden"*** vorausgehen.)

Kopiervorlage 6

Hygiene bei Schulfesten

(Kopf der Schule
Name des Lehrers)

Die folgenden Regeln sind das absolut notwendige Minimum. Weitere Informationen finden sich in der Lebensmittelhygieneverordnung Ihres Bundeslandes, die meist auch beim Gesundheitsamt erhältlich und im Internet einzusehen ist.

Die 10 wichtigsten Regeln

1. Häufig Hände waschen, insbesondere nach Toilettenbesuch!
2. Lebensmittel nicht mit bloßen Händen anfassen, sondern mit Zangen oder Einmalhandschuhen!
3. Lebensmittel hinter Hustenschutz/Spuckschutz (aus Plexiglas) anbieten!
4. Große Vorsicht bei rohen Eiern! Nur frische Eier verwenden.
   Aufgeschlagene Eier schnell durchgaren oder kühl lagern!
5. Vorsicht bei aufgetautem Fleisch, besonders bei rohem Geflügel!
   Auftauflüssigkeit nicht an andere Lebensmittel kommen lassen!
6. Vorsicht bei Hackfleisch! Produkte wie Frikadellen nicht während des Festes herstellen, sondern zu Hause durchgaren, dann kühlen!
7. Erwärmte Lebensmittel müssen völlig durchgegart sein, nicht innen noch roh!
8. Rohe Fleisch- und Wurstwaren, Cremes, Mayonnaisen und Milchprodukte gehören in den Kühlschrank.
   Speisen nicht der Sonne aussetzen!
9. Rohware getrennt von verzehrfertiger Ware lagern!
10. Warme Speisen sind durchgängig warm zu halten (mind. 65 ° C) und nicht länger als 3 Stunden vorrätig zu halten!

✂ -

Ich bestätige, die oben aufgeführten Informationen zur Hygiene bei Schulfesten erhalten und gelesen zu haben. Falls ich Lebensmittel mitbringe, werde ich mich daran halten. Falls ich für die Organisation verantwortlich bin, werde ich diese Regeln weiterleiten.

____________________ ____________________

Ort, Datum | Name (leserlich), Unterschrift

Kopiervorlage 7

Aufbewahrung von Wertsachen

(Kopf der Schule)

Name des Kindes: ________________________________

Allgemeines
Ich habe zur Kenntnis genommen, dass Gegenstände von großem Wert (Schmuck, teure Uhren, Smartphones) nicht mit in die Schule gebracht werden sollen.
In der Schule ist eine absolut sichere Verwahrung nicht möglich, und die Aufbewahrung von Wertgegenständen der Schüler gehört nicht zu den Aufgaben der Lehrkräfte.

Sportunterricht
Für den Fall, dass Lehrkräfte, z.B. im Sportunterricht, Wertgegenstände einsammeln, wird hierdurch **kein Verwahrungsvertrag** mit gesteigerter Beaufsichtigung begründet. Vielmehr achtet die Lehrkraft nur so sorgfältig auf diese Dinge, wie sie auch auf ihre eigenen Gegenstände achtet.
Zudem ist die Hauptaufgabe der Lehrkraft die Betreuung der Schüler während des Sportunterrichts – und nicht die Beaufsichtigung der eingesammelten Gegenstände. Darüber hinaus kann eine Lehrkraft sich nicht an alle Gegenstände erinnern, die von den Schülern abgegeben werden, und nicht überprüfen, wer später welchen Gegenstand wieder abholt. Es muss also damit gerechnet werden, dass Dinge verschwinden können.

Fahrräder
Da eine lückenlose Überwachung des Fahrradstandes an unserer Schule nicht möglich ist, sind Fahrräder nicht versichert. Dies gilt umso mehr, wenn ein Kind Anspruch auf eine kostenlose Beförderung durch den Schulträger hat.

Diese Einschränkungen der Aufbewahrung durch die Schule habe ich gelesen und akzeptiert.

____

Datum Unterschrift

Register